学业水平考试
命题方法
系列丛书

小学语文学科考试命题与评价

李英杰 /著

TEST DEVELOPMENT
AND STUDENT
ASSESSMENT FOR
CHINESE LANGUAGE ARTS

北京师范大学出版集团
BEIJING NORMAL UNIVERSITY PUBLISHING GROUP
北京师范大学出版社

图书在版编目(CIP)数据

小学语文学科考试命题与评价/李英杰著. —北京：北京师范大学出版社，2023.6
(学业水平考试命题方法系列丛书)
ISBN 978-7-303-28324-8

Ⅰ.①小… Ⅱ.①李… Ⅲ.①小学语文课－考试－命题－研究②小学语文课－考试－试卷－评价－研究 Ⅳ.①G623.202

中国版本图书馆CIP数据核字(2022)第212284号

图书意见反馈：gaozhifk@bnupg.com 010-58805079
营销中心电话：010-58802755 58800035
北师大出版社教师教育分社微信公众号 京师教师教育

XIAOXUE YUWEN XUEKE KAOSHI MINGTI YU PINGJIA

出版发行：北京师范大学出版社 www.bnupg.com
北京市西城区新街口外大街12-3号
邮政编码：100088

印	刷：北京同文印刷有限责任公司
经	销：全国新华书店
开	本：730 mm×980 mm 1/16
印	张：13
字	数：185千字
版	次：2023年6月第1版
印	次：2023年6月第1次印刷
定	价：69.00元

策划编辑：何 琳　　　　　　责任编辑：冯 倩
美术编辑：陈 涛 焦 丽　　　装帧设计：陈 涛 焦 丽
责任校对：陈 荟　　　　　　责任印制：赵 龙

版权所有　侵权必究
反盗版、侵权举报电话：010-58800697
北京读者服务部电话：010-58808104
外埠邮购电话：010-58808083
本书如有印装质量问题，请与印制管理部联系调换。
印制管理部电话：010-58804922

学业水平考试命题方法系列丛书

总项目组成员（按姓氏笔画排序）

  王家祺 田 一 李美娟 何光峰 张咏梅

  郝 懿 胡 进 贾美华 郭立军

序　言

　　提升教师评价素养，是教师专业发展的重要内容。2013年，教育部印发了《关于推进中小学教育质量综合评价改革的意见》，提出"逐步培养和建设一支具有先进评价理念、掌握评价专业技术、专兼职相结合的专业化评价队伍"。2020年10月中共中央、国务院印发了《深化新时代教育评价改革总体方案》，再一次明确提出，要"加强教师教育评价能力建设，支持有条件的高校设立教育评价、教育测量等相关学科专业，培养教育评价专门人才"。

　　教师评价素养包括四个方面的内容：一是具备先进的教育评价理念，正确理解教育评价的育人功能和价值；二是能够掌握校外评价和校内日常评价的技术与方法；三是能够掌握基础数据的分析和解读方法；四是能够将评价数据和结果应用于教学改进中，逐步提升教学质量。

　　为了了解教师评价素养的现状，北京教育科学研究院组织研究团队在长期开展评价研究的基础上，研制了调研方案与指标体系，通过访谈和问卷调查，对北京市各区教研员和中小学学科带头人、骨干教师的评价素养现状与培训需求开展了调研。调研结果表明，教师较普遍地在评价理念、专业概念方面存在一些误区，缺少评价任务（尤其是表现性评价任务）的开发经验，对完整科学的命题流程了解较少，不能正确解读测试数据，不能将评价数据运用于教学改进中。为了解决教师们的困惑和问题，北京教育科学研究院成立了由教育评价专家与学科教学专家组成的培训团队，针对教师评价素养发展的需求，开发了系列教育评价培训课程，先后在各区举办了十多个专题培训班。并在每次培训后，依据参训教师的意见和建议，不断修订、完善培训课程，最终形成的成果体现在了"学业水平考试命题方法系列丛书"这套书中。可以说，这套书是长期的理论研究与实践探索充分结合的成果，具有以下几个鲜明的特点。

　　第一，突出了对学生核心素养的评价。随着《中国学生发展核心素养》

的颁布及落实，如何通过评价，引领教学关注复杂思维能力的培养，是当前的热点问题。书中在设计评价内容时，特别设计了针对高阶思维能力的表现性评价、可体现学生认知过程的主观题的评价、促进学生核心素养培养的档案袋评价等内容。通过表现性评价，展示学生解决问题的过程；通过主观题的评价，了解学生的高阶思维的特点；通过档案袋评价，关注学生学习的状态和过程，引导学生自主学习。帮助教师掌握这些方法，才能切实地引导教师在教育教学过程中关注核心素养的培养。

第二，体现了教育评价理论与评价实践能力的结合。书中既介绍了教育评价的基本理念、基本理论，也介绍了教育评价的基本方法——客观题、主观题的命制，表现性评价和档案袋评价的设计、评价工具的质量分析、数据结果的解读和运用等内容。介绍每一个方法时，都是理论、原理与案例相结合。在讲解基本理论和原理的同时，增加了鲜活的案例作为理论的支撑。评价理论和原理由评价专家进行撰写，案例部分由学科教研员撰写，理论和原理统领案例，案例为理论和原理提供支持，既能帮助教师理解理论和原理，又能使教师在案例中学会具体的操作方法和技术。

第三，涵盖了教育评价实施的全流程。强调教、学、评一体化，重在以学习为中心，促进教、学、评的良性互动，教与评为学习服务，学在教与评的作用下不断精进。评价已成为教学设计和教学实施的重要组成部分，其功能不再局限于"鉴别、筛选"，更多的是"引导、反馈、改进"。在此理念的指导下，书中对评价全流程的内容进行了介绍，包括评价蓝图的设计、评价工具的开发、评价数据的解读、基于评价数据的教学改进等，能够系统、完整地支持教师开展评价工作，进而改进教学。

第四，跟进了国际教育评价研究的最新进展。近二十年来，教育评价理论、方法与技术正全方位地发生变化，本套书反映了这些最新进展，并结合实践阐述了基于经典测量理论与现代测量理论的评价工具质量分析方法、增值评价方法、在线评价任务开发等内容，有鲜明的时代性与创新性。

2021年7月，中共中央办公厅、国务院办公厅印发了《关于进一步减轻义务教育阶段学生作业负担和校外培训负担的意见》，强调"坚持学生为本、回应关切，遵循教育规律，着眼学生身心健康成长，保障学生休息权利，整体提升学校教育教学质量"。落实"双减"要求，提升教育质量，既要求教师要能够实施形成性评价,开发评价任务,提高课堂教学质量;又要求教师在终结性评价方面,要能够科学把控,聚焦核心素养,防止出现偏题、怪题、难题,减轻学生的学习负担。这对教师专业素养的提升提出了新的要求和更高的标准,因而教师迫切需要相应的、务实的支持与指导。本套书是第一套由教育评价专家与学科教学专家合作完成的教育评价方面的著作,将国际上最新的教育测评理念、理论、方法与技术,以系列书稿的方式呈现给广大教师,期待本套书在国家"双减"教育大背景下,能够助力教师科学评价,精准诊断教学中的问题,促进教育质量全面提升。

方中雄

北京教育科学研究院

前　言

　　"立德树人"是教育的根本任务，是教育的出发点与归宿。中共中央、国务院于2020年印发了《深化新时代教育评价改革总体方案》，该方案指出："坚持立德树人，牢记为党育人、为国育才使命，充分发挥教育评价的指挥棒作用，引导确立科学的育人目标，确保教育正确发展方向。"《义务教育语文课程标准（2022年版）》也明确提出："义务教育语文课程评价要有利于促进学生学习，改进教师教学，全面落实语文课程目标。"学业评价是教育评价的重要组成部分。科学地认识学业评价，提高命题者的命题能力，是有效进行学业评价、发挥评价导向功能的重要前提。

　　北京教育科学研究院自2004年开始承担北京市教委委托的"北京市中小学生学业质量评价与反馈"项目。笔者作为小学语文学科的负责人，持续十余年进行考试命题与评价的研究。笔者还先后参与了联合国教科文组织"东亚四国母语教育比较研究"项目、教育部基础教育课程教材发展中心"建立中小学生学业质量分析、反馈与指导系统"项目组、北京师范大学中国基础教育质量监测协同创新中心"区域教育质量健康体检"项目组的中小学语文学科的相关研究工作。本书是笔者多年研究成果的结晶。

　　如何认识小学语文学业评价？如何开发科学、有效的学业评价工具？如何发挥学业评价改进教师教学、促进学生学习的作用？本书以小学语文学科考试命题与评价为中心，对如上三个关键问题展开了讨论。第一部分对小学语文学业评价的相关概念进行了整体说明，梳理了学业评价发展的大致历程和未来趋势，介绍了不同的学业评价观，指出了学业评价的发展方向。第二部分是本书的重点，不仅从整体上介绍了学业评价的开发流程和基础理论，而且关注到了学业评价中的两个关键问题——框架的设计和题目的命制，并进行了深入浅出的讲解，可以帮助命题者掌握评价命题的方法策略，发展科学命题的能力。第三部分旨在建立命题与教学的有机联系。一方面，从教、学、评一致的角度介绍了基于教学中发现的问题设计评价工具，基于评价确定教学改进问题，基于评价改进课堂教学的基本思路与方法。介绍这部分内容，意在使学业评价的导向作用得到充分发挥。另一方面，从整体设计学习过程的角度介绍了作业设计的思路和方法。作业评价是过程性评价的重要组成部分，作业设计是作业评价的关键。最后一章安排了与作业设计有关的内容，意在更全面地解决实际评价研究中的各种问题。此外，本书在每一章都安排了"延伸探索与思考"栏目，提供了可以进行延续性思考或迁移性实践的题目。读者可以通过这些题目，进一步回读、聚焦重点内容，并将之与自己的评价命题实践相结合。

　　本书是在实践基础上产生的，力图体现两大特点。一是理论的引领性。笔者对国内外已有评价研究成果进行了广泛、深入的梳理，并在此基础上对每部分内容都从理论上进行了提纲挈领的讲解，以引领评价命题的方向。二是实践的指导性。一方面，在语言表述上力求通俗易懂，将艰深的学术术语转化为日常语言；另一方面，以实际促进实践转化，在行文过程中引入了大量的命题案例，并且进行了细致的分析，部分内容还完整地呈现了初步命题、修正完善、确定题目的过程，有助于命题者理解理论并参照案例进行实践。

　　基于这样两个特点，本书既可以作为小学语文学科考试命题与评价的学习手册，供命题者系统学习相关理论与技术；也可以作为小学语文学科考试命题与评价的工具书，供命题者在具体的命题过程中随时翻阅，避免出现命题偏差。

　　本书在撰写过程中以北京市部分区县的学业评价题目作为案例，在出版过程中得到了北京教育科学研究院的全程支持与资助，在此一并感谢！

2023 年 2 月

目 录
Contents

第一部分　小学语文学业评价概况

第一章　小学语文学业评价的总体认识　03
　　第一节　学业评价的内涵　03
　　第二节　学业评价的模式　05
　　第三节　学业评价的分类　07

第二章　小学语文学业评价的发展 　08
　　第一节　小学语文学业评价的发展历程　08
　　第二节　小学语文学业评价的发展趋势　16

第二部分　小学语文学业评价工具开发

第三章　小学语文学业评价工具开发概述　23
　　第一节　评价工具开发的基本流程　23
　　第二节　评价工具开发的基础理论　33

第四章　小学语文学业评价框架设计　43
　　第一节　认识核心素养　43
　　第二节　确定小学语文学业评价框架　51
　　第三节　编制测验细目表　66

第五章　小学语文纸笔测验工具的开发　68
　　第一节　测验材料的选择　68
　　第二节　测验题目的命制　75
　　第三节　测验题目开发实例　120

第六章　指向高级思维的测验工具开发　　130
  第一节　基于情境任务的测验开发　　130
  第二节　思辨性阅读与表达任务群的测验开发　　138

第三部分　基于评价的小学语文教学改进

第七章　基于纸笔测验的小学语文教学改进　　157
  第一节　基于评价聚焦改进问题　　157
  第二节　基于问题设计评价诊断　　169
  第三节　基于评价的课堂教学改进　　177

第八章　小学语文作业设计　　183
  第一节　正确认识作业研究　　183
  第二节　有效设计作业　　185

参考文献　　192

第一部分
小学语文学业评价概况

第一章　小学语文学业评价的总体认识

评价是教育教学的关键一环，也是当今新课程改革的焦点，它牵动着教育教学各方面改革的神经，同时也影响着课程改革效力的发挥。近年来，联合国、经济合作与发展组织、欧盟等国际组织，美国、英国、澳大利亚等发达国家，无不把评价改革作为推进课程改革、提升教育质量、提高综合国力的重要手段。可以说，评价问题已经成为影响课程改革的决定性问题。

第一节　学业评价的内涵

早在西周时期，我国就建立了"考校"与"考选"制度。科举制度始于隋朝，经过几个朝代的演变、发展，逐渐成为比较完善的考试制度。但是我国对考试问题的研究大多基于经验的总结和梳理，科学的测验与评价研究则源于西方发达国家。1900年前后，西方国家兴起了一场"教育测验运动"，标准化测验开始被广泛使用。1921年，中华教育改进社邀请美国专家麦考尔（W. A. McCall）来华讲学，介绍教育考试方法，客观性试题第一次传入我国。20世纪80年代，西方关于"测验"的概念、理论和方法开始系统地传入我国。

此后，在我国的教育评价研究以及很多教师的教育教学实践中，考试、测验、评价等概念往往被混合使用，处于一种边界不清、相互交叉的状态。这在一定程度上影响了人们对评价问题研究的深度。因此，对学科学业评价进行研究，有必要先对评价、考试、测量、测验这几个关键概念进行梳理。

"教育评价"的概念最初由美国的拉尔夫·泰勒（Ralph W. Tyler）于1930年提出。随着人们认识的发展，教育评价的概念也在不断发生变化。目前，大家比较一致的看法是将教育评价看作对教育现象进行价值判断的过程，是"按照一定的价值标准和教育目标，利用测量和非测量的种种方法系统地收集资料信息，对学生的发展变化及其影响学生发展变化的各种要素进行价值分析和价值判断，并为教育决策提供依据的过程"[1]。近20年来，研究者越来越重视对学生的学业成就进行评价，学业评价逐渐成为教育评价研究中的新热点。所谓学业成就，指的是"学生学习成果的重要方面，它包括知识、技能，也包括兴趣、态度、习惯等诸多方面的成就"[2]。学业评价指的是"以国家的教育教学目标为依据，运用恰当的、有效的工具和途径，系统地收集学生在各门学科教学和自学的影响下认知行为上的变化信息和证据，并对学生的知识和能力水平进行价值判断的过程"[3]。

从对教育评价和学业评价的概念分析可以看出，评价是"对事物价值的判断"[4]。评价研究不仅要呈现学生学习结果的客观现状，还要依据一定的标准对客观现状做出价值判断，这是一个收集证据—分析证据—做出价值判断的系统过程。在这个过程中，考试是"检查、评定学业成绩和教学效果的一种方法"[5]，是教育评价的重要手段。测量是指"根据测量工具，用数字描述被测对象的性质"[6]，即对学生学习结果的定量描述。测验指的是通过观察人的少数有代表性的行为，对于贯穿在人的全部行为活动中的心理特点，做出推断和数量化分析的一种科学手段，即测定、检验学习表现。也就是说，评价的内涵大于考试、测量、测验的内涵，考试、测量、测验指向对学生学习结果的定量描述，而评价则是在测量、测验提供的定量描述的基础上，进一步收集、综合其他相关信息，对学生的学习行为、学习过程进行判断及指导。学业评价包含收集学生学习资料的全部方法和对学习进步的价值判断。从互为关系角度分析：测验、测量是评价的基础和手段，为评价提供价值判断依据。评价是测验、测量的目的和结果，测验、测量只有通过评价才能获得实际意义。

---

[1] 黄光扬：《教育测量与评价》，7页，上海，华东师范大学出版社，2002。
[2] 李玉芝、赵裕春：《评价学业成就的方法》，4页，北京，光明日报出版社，1987。
[3] 袁振国：《当代教育学》，249页，北京，教育科学出版社，1998。
[4] 顾明远：《教育大辞典》第5卷，362页，上海，上海教育出版社，1990。
[5] 顾明远：《教育大辞典》（增订合编本），873页，上海，上海教育出版社，1998。
[6] 王志远：《现代教育行政管理》，243页，开封，河南大学出版社，1992。

第二节　学业评价的模式

评价是整个教学体系中的重要一环。如图 1-1 所示，学校是根据学科课程标准展开整个教学体系的。从理解学科课程标准的要求到预设教学目标与教学活动，从开展教学实践到进行教学评价，从对评价结果的梳理到根据评价结果设计改进方案，再到根据改进方案设计新一轮的教学，整个教学体系就在这样一种螺旋上升的模式中逐步调整，以更好地助力学生的发展。

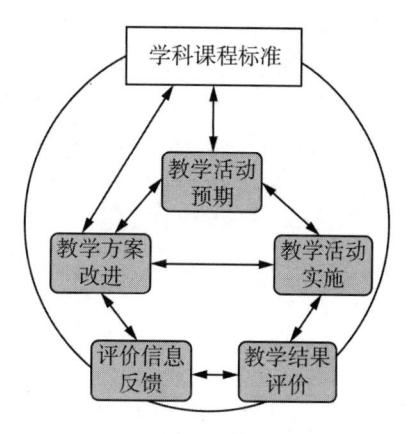

图 1-1　教学系统示意图

根据现有研究的成果，学业评价主要有四种模式：目标模式、诊断模式、过程模式和主体模式。

目标模式是将评价看作学生学习的结果与预定教学目标相对照的过程。学业评价的任务，就是将学生实际学习的结果与预先设定的标准（目标）进行比较，并以此为对课程方案、教学过程以及学习质量进行评价的依据。在这一模式下，评价者是评价主体，被评价者是评价客体。这一模式追求的是评价的科学化和客观化，基本的方法是量化，主要为课程决策服务。研究这一模式的代表人物是拉尔夫·泰勒。目标模式的缺点在于忽视了人的主体性，忽视了过程本身的价值，把人客体化和简单化了。

诊断模式是将学业评价看作诊断与改进教和学的过程。学业评价的任务就是先通过测验查找教师教学与学生学习过程中的困难与问题，再将这些信息反馈给教师与学生，并在此基础上改善教师的教与学生的学。这一模式的代表人物之一是布卢姆（Benjamin S. Bloom）。他所提出的诊断，不仅包括通过测验发现教学中的困难与问题，还包括发现不同学生的优点与特长，从而为教师因材施教奠定基础。这里所说的诊断，已经成为教学的一个组成部分，成为教学的一种手段。诊断模式以查找问题为手段、以纠错矫正为目的，主要为改进教学服务。和目标模式一样，因为诊断模式也受到"工具理性"的支配，采用了量化方法和科学范式，所以其缺点也是忽视了人的主体性，忽视了过程本身的价值，把人客体化和简单化了。

过程模式是将学生学习的全部过程都纳入评价范围的学业评价范式。在这一模式中，评价者珍视学生的个体教育经验及教育效果的不可预测性。同关注学习结果一样，过程模式关注学生的学习过程。它主张凡是具有教育价值的结果，不论是否与教育目标相符，都应受到评价的支持与肯定。这样一来，评价者不仅要关注有关教育学的具体数据与最终结果，还要关注教学过程对于每一个学生及不同学生群体的影响和效果。所以，收集资料的工作是在教学过程中进行的，具体方法是深入地观察、访谈和收集。过程模式受"实践理性"支配，强调学习过程本身的价值。

主体模式是将学业评价视为评价者与被评价者，即教师、学生、家长等共同建构意义的过程。主体模式认为，评价者与被评价者在评价过程中是一种交互主体的关系，评价过程是一种民主参与、共同协商和平等交往的过程。所以主体模式强调使用自我参照、自我接受式的评价方式。其中渗透着后现代主义思想：自由、民主、平等、协商、价值多元、去中心化和边缘化。所以，也有人称这种模式为"后现代评价"或"第四代评价"。但是，这种模式并不是当今学业评价的主流，它只是以一种理念的方式如春雨润物般地渗透到学业评价的活动中去。

上面介绍了四种学业评价模式，它们有各自的优势与局限性。不同的模式会为我们提供不同的用于判断和决策的信息。我们要结合不同的评价背景与评价目的选择评价模式：有时需要发挥某种模式特有的功能；有时又需要将不同的模式整合起来，发挥各种模式的整合功能。例如，如果评价是为课程决策服务的，可能会运用目标模式；如果希望通过评价改进教学，可能会选择诊断模式；如果想了解学生在情感、态度、价值观以及学习方式、学习习惯方面的发展变化，可能会更多地倚重过程模式和主体模式；如果评价的目的在两个以上，如既希望为改进教学服务，又希望了解学生在学习过程中的基本情况，以促进学生自我反思、自我发展，也可以将诊断模式与过程模式结合起来使用。

第三节　学业评价的分类

根据不同的分类标准，学业评价可以分为不同的类别。

根据评价时间，可以将学业评价分为形成性评价和终结性评价两类。其中，形成性评价指的是在教学进程中对学生的知识掌握和能力发展的评价；终结性评价指的是在教学活动结束后为判断其效果而进行的评价。如单元测验、期末考试往往指向于了解学生学习状况，发现教学和学习中的问题，属于形成性评价；高考、中考都指向于对学生某一个阶段的学习结果进行评价，属于终结性评价。

根据参照标准，可以将学业评价分为标准参照评价和常模参照评价。标准参照评价指的是"基于某种特定的标准，来评价学生对与教学等密切关联的具体知识和技能的掌握程度"；常模参照评价指的是"指评价时以学生所在团体的平均成绩为参照标准（即所谓常模），根据其在团体中的相对位置（或名次）来报告评价结果"。[1]如高考以学生在当年参加测验的学生群体中的位置来决定录取结果，评价的参照标准是学生在整个群体中的位置，是典型的常模参照测验。高中会考以高中课程标准为参照标准，判断学生是否达到了高中学业的要求，是典型的标准参照测验。

根据评价目的，可以将学业评价分为选拔性评价和诊断性评价。选拔性评价旨在从群体中挑选符合特定标准的个体；诊断性评价旨在对学生的学习状况进行诊断分析，发现优势与问题，为后续的学习提供方向和思路。

此外，学业评价还可以根据评价主体，分为他人评价和自我评价两类；根据标准化程度，分为标准化评价和非标准化评价；根据评价方式，分为纸笔评价、表现性评价和档案袋评价。

延伸探索与思考

①评价和测验有什么区别和联系？
②你见到的评价属于哪些类型？试着举几个例子。

---

[1] 教育部人事司、教育部考试中心：《教育心理学考试大纲》，181页，上海，华东师范大学出版社，2002。

第二章 小学语文学业评价的发展

第一节 小学语文学业评价的发展历程

从评价理论的发展历史看，国外的教育评价理论经历了测量时代、描述时代、判断时代和建构时代。测量时代认为评价就是测量，测定学生对知识的记忆状况或其某项特质；描述时代强调通过确定清晰的、可操作的行为目标，根据预定的教育目标对教育结果进行客观的描述；判断时代把评价视为价值判断的过程，认为评价不只是根据预定目标对结果的描述，过程本身的价值也是评价的有机构成部分；建构时代强调尊重个体的主体性，坚持"价值多元"的信念，运用质性评价方法以协商的方式形成"心理建构"。

我国的评价实践在较长时间内都呈现出测量和描述时代的特征，主要将评价等同于测量，在借鉴泰勒的目标评价模式等评价理论之后，又力图通过确定的、清晰的、可操作的行为目标，根据预定的教育目标对教育结果进行客观描述。新课程改革后，我国的评价实践开始走向判断和建构时代，新的评价理念强调对过程本身的评价，倡导利用各种质性评价方法，强调价值判断，注重学生的个人发展需要。

在评价理念及实践发展的大背景下，小学语文学业评价的发展与学业评价的总体发展趋势一致，也经历了从知识立意、能力立意向素养立意发展的过程。

一、"知识立意"阶段

从 20 世纪 60 年代到 80 年代，语文学科评价主要建立在经验总结的基础上，体现出明显的"知识立意"特征：测查的核心目标是学生的知识学习情况，追求测查学生对知识内容的准确掌握程度。

自语文独立设科以来，语文教育工作者就一直试图建构语文学科的知识体系。20世纪60年代前后，语文学科的工具性被越来越多的研究者关注，上海教育界用八个字概括了语文教学的基本内容，即"字、词、句、篇、语、修、逻、文"。在此基础上逐渐形成了语文学科教学与评价的"双基"。"语文的基础知识是培养阅读和写作能力最基本的东西，主要是'字、词、句、篇章结构'的基本知识（包括文字、词汇、语法、逻辑、修辞）；读、写的基本知识（如记叙、描写、说明、议论、抒情；中心和材料，立论和驳论，论据和论证；文体知识，如诗歌、小说、戏剧、散文）。基本技能就是在读写过程中理解和运用这些基本知识的能力。"[1]可见，"双基"的核心是基本知识。这一阶段，从课程的目标设定到教材的编写，再到教学的设计实施，无不以掌握语文知识为核心。

在"双基"观念的影响下，语文学科评价也呈现出明显的"知识立意"倾向。评价重在对学生掌握语文知识的状况进行评判。试卷命题侧重于考查学生对语文知识的掌握程度，试题强调对知识点的考查，把语文知识分解为一个个的"点"。如宁夏回族自治区教育厅中考命题组在分析中考命题时甚至明确地表示，1986年的语文试题（除作文外）涉及40多个知识点，在能力的考查上，要求并不高。

总体来看，这一阶段的语文学科评价主要呈现出如下特点。

第一，评价内容结构缺乏整体设计。评价内容结构是评价目标的外在表现，它具体呈现为试卷的测验结构。这一时期的语文学科评价内容主要是针对各项基础知识和基本技能设计的，不同地区、不同年度试卷之间在内容结构上没有形成较为明确的一致性。特别是对于阅读部分的考查，往往由于测验文段的区别，测验内容也产生了较大的变化。

第二，基础知识在整体评价体系中占重要地位。这一阶段对基础知识的考查主要侧重语言知识和文学常识，如语音文字知识、词汇知识、语法知识、修辞知识、作家作品知识等。整份试卷涉及的知识面宽、知识量大，一般一个题对应一个知识点。多数试题孤立、静止地考查学生对知识本身的识记和辨析，而不是从语言理解和应用的角度考查其对知识的掌握程度。

第三，阅读能力的考查往往关注的是语言知识和文体知识。这一阶段

---

[1] 童致和、王朝林：《中学语文教学法》，88页，合肥，安徽教育出版社，1983。

阅读考查的文段大多出自课内,重在考查学生是否掌握了有关记叙、议论、说明等不同文体的知识或者是否记住了教师在课上讲解的结论性知识,很少关注学生真正的阅读理解能力。

第四,题型的选择更倾向于固定、唯一的答案。这一阶段的考查以对知识的考查为核心,特别是对知识记忆程度的考查,在题型选择上以填空、判断、连线等题目为多。即使是需要学生写出答案的简答、问答等题目,其答案也多是固定、唯一的,很少有能为学生提供较大思考空间的题目。

20世纪80年代中后期,随着中考、高考等大规模考试的发展,经验化命题的模式越来越不能适应这些考试的要求。语文考试开始进行标准化考试实验,以规范考试的内容,减少考试的主观随意性,从而保证大规模测验的公平性和科学性。这期间尽管测验技术有了提升,增强了考试的科学性,但由于主要局限于对测验技术的照搬,而没有致力于建立科学测验系统,所以标准化考试在语文学科中的运用出现了种种问题,特别是大量运用标准化试题(如选择题)使语文考试对知识的考查更为突出。

二、"能力立意"阶段

(一)从"知识立意"向"能力立意"的转变

20世纪80年代后期以来,人们逐渐认识到双基教学观在人才培养方面的不足,特别是以知识为核心开展语文教学存在种种弊端。语文学科的教学与研究都开始关注对学生语文能力的有效培养。1980年的《全日制十年制学校中学语文教学大纲(试行草案)》明确提出:"语文学科要进行严格的语文基本训练,使学生热爱祖国语言,能够正确理解和运用祖国的语言文字,具有现代语文的阅读能力、写作能力和听说能力,具有阅读浅易文言文的能力。"[1]该教学大纲针对各年级分别从阅读能力、写作能力、听说能力提出了具体的教学要求。1992年的《九年义务教育全日制小学语文教学大纲(试用)》中重视能力培养的趋向更加明显,能力训练的要求更加详尽,共提出48项关于阅读、写作、听话、说话能力训练的内容。1996年的《全日制普通高级中学语文教学大纲(供试验用)》在高中阶段的"教学

---

[1] 中华人民共和国教育部:《全日制十年制学校中学语文教学大纲(试行草案)》,2页,北京,人民教育出版社,1980。

目的"中提出"要对学生进行有效的语文训练,指导学生学好课文和必要的语文知识,使他们具有适应实际需要的现代文阅读能力、写作能力和听说能力,具有初步的文学鉴赏能力和阅读浅易文言文的能力"[①],开始更加注重能力与实际需要的联系。随着大纲对语文教学目的定位的不断调整,能力本位的语文课程观在逐渐形成。

到20世纪90年代末,语文教育界开展了一场关于语文教育的大讨论。一批语文教育专家认为,语文教学中突出的、影响全局的、迫切要求解决的问题是应试教育对语文教育的冲击。语文教学本来就存在偏于技术训练的问题,受到应试要求的影响,陷入了误区。[②]考试给语文学科教学带来的不良影响引起了人们的广泛关注,语文标准化考试成了讨论的核心问题。

在讨论过程中,人们对语文考试的现状提出了众多批评意见。人们普遍认为,当时的语文考试过分突出知识性,着重考查知识的识记,追求知识网络的覆盖,不能有效测查学生的能力,并且对语文能力的考查也不够全面,考试内容缺乏人文因素,命题不当,题目繁、难、偏、旧,题量太大,考试方法太机械,特别是标准化试题扼杀了学生的独立思考能力和创造能力。柳斌在全国中小学教材审查会议上发表题为"切实推进考试制度和考试方法的改革"的讲话,他透辟地指出了当时考试的积弊:一是试卷长,基础教育司收集的十几个省市的试卷,一般为6~9页,长的达11页,学生把这种试卷称为"哈达卷";二是题量大,大题套小题,一题多问,有的试卷竟有一百几十个问题,还要求在90分钟内完成;三是内容深、难、偏、怪,许多题目毫无意义,浪费学生的时间和精力;四是考试方法死板机械,引进所谓标准化试题逼着学生读死书、死读书,不允许学生有思考、想象的余地,这样的考试实际上扼杀了学生的创造活力;五是有的还炮制一些似是而非的答案,诱使学生在选择的过程中上当。[③]

针对这些问题,语文考试评价的改革势在必行。1998年4月10日,教育部下发《关于中考语文考试改革试点工作的指导意见》,提出要建立语

---

① 国家教育委员会基础教育司:《全日制普通高级中学语文教学大纲(供试验用)》,1页,北京,人民教育出版社,1996。

② 范立耘:《肯定成绩 正视问题 立足建设——"端正教育思想,提高语文教学质量"研讨会综述》,载《四川教育》,1998(9)。

③ 柳斌:《切实推进考试制度和考试方法的改革——在全国中小学教材审查会议上的讲话》,载《课程·教材·教法》,1998(7)。

文学科的科学评价体系，着重考查学生的阅读和写作能力，拉开了评价改革的帷幕。1994年4月，教育部又下发《关于初中毕业、升学考试改革的指导意见》，明确提出评价改革要有利于突破"应试教育"的模式，建立科学的评估体系，推进素质教育；在考试内容方面，要注重考查学生运用知识分析问题、解决问题的能力，有利于发挥学生的创造性。一系列的文件共同显示，评价改革的核心理念就是要改变语文考试重在考查知识的局面，使语文考试能够有效测查学生的语文能力。语文学科评价中"能力立意"的价值取向逐渐形成。

（二）"能力立意"阶段的主要特点

这次语文学科评价改革力图体现"能力立意"的价值取向，为语文学科评价的科学化、合理化发展进行了有益探索，积累了宝贵的经验。

首先，淡化基础知识，重视考查知识的积累和运用。1998年，教育部在《关于中考语文考试改革试点工作的指导意见》中明确提出了"删减少数偏、难、深知识内容，强化知识积累和实际运用"的要求，语文学科的学业评价逐渐淡化了对基础知识的记忆性考查。一方面减少基础知识的考查范围，"多数实验地区对一些繁难艰深、实用价值不大又容易导致学生死记硬背的内容，如词类分析、字的构成、戏剧常识、语法中的部分内容、应用文体知识等不再列为考试范围"[①]。另一方面注重考查学生对知识的理解和运用，以江苏、湖北等省的语文中考评价为例，它们都把基础知识的考查侧重点放在了理解、分析、运用等综合能力上。[②]

其次，注重考查阅读能力，阅读材料为学生提供的思考空间更大。这主要表现在如下三方面。第一，阅读部分在语文学科学业评价中的比重得到进一步提高，重要性越发凸显。如1999年山东省语文中考试题与过去的试题相比，"增加了'现代文阅读'的比重，由过去的20%左右提高到40%"[③]。第二，现代文阅读从课外选材、课内外兼顾已经成为各地区语文学科评价的普遍共识。从小学到初中的语文测验中都开始呈现"课内阅读＋课外阅读"的测验结构。第三，在题目的命制上，指向学生独立理解的题目数量有所增加。如湖北荆门为突出整体阅读能力的考查，在1997年的

---

① 时晓玲：《中考语文在改革》，载《中国教育报》，1999-01-25。
② 鲍道宏：《语文中考改革综览》，载《中学语文教学》，2000(12)；山西省'95中考语文命题组：《求活求新，注重考查能力——谈山西省'95中考语文试题》，载《语文教学通讯》，1995(12)。
③ 吴心田：《简评1999年山东省中考语文试题的改革》，载《中学语文教学参考》，1999(10)。

中考试卷中，设计的整体阅读理解题占所有阅读理解题的70%。[1]

再次，注重考查写作能力，淡化文体限制，鼓励表达真情实感。这主要表现在如下三方面：第一，越来越多的语文学业评价不再对作文的文体进行严格的限制，"文体不限"这一要求越来越普遍；第二，大部分作文题目都贴近学生生活，让学生有话可说、有情可抒，引导学生表达真情实感；第三，鼓励学生有创意地表达，鼓励学生写真情实感。陕西省2002年中考语文作文评分意见明确提出了如下内容。"考虑到初中学生实际水平，不以文学作品为衡量标准。下列四项有一项突出者即可评为一类卷：A. 感情真挚；B. 立意新颖；C. 构思巧妙；D. 语言富有个性。"[2]

最后，主观性试题的比重逐渐增加。以中考为例，从2002年全国的37套中考语文试卷看，主观性试题所占比例进一步增大：仅有6套试卷的客观性选择题超过了10道，有16套试卷的客观性选择题在1~5道以内，上海、吉林、河北、山西、武汉、太原、济南、深圳等省（区、市）的试卷中没有出现那种四选一式的客观性选择题。可以说，客观性选择题从数量上得到了根本控制。[3]

三、"素养立意"阶段

进入21世纪，我国开始了新一轮的基础教育课程改革。《全日制义务教育语文课程标准（实验稿）》提出要"全面提高学生的语文素养"，评价作为改革的六项目标之一，也开始从"能力立意"转向"素养立意"。

一些研究者纷纷围绕"指向核心素养的评价"提出了自己的观点。例如，杨向东基于对核心素养形成机制的认识，提出了以建构为核心的核心素养测评模式[4]（如图2-1所示）。他认为虽然核心素养无法直接观测，但是可以通过学生在具体任务中的实际表现加以推测。当学生能够面对特定的任务情境，整合已有的结构化知识和技能，运用学科思维和观念开展严谨的探究活动，灵活地、创造性地解决或应对各种复杂现实任务或情境

---

[1] 黄希圣：《中考语文改革的走势探索》，载《中学语文教学参考》，1998(12)。
[2] 贾玲：《新理念 新中考 新成果——2002年中考语文改革述评（一）》，载《中学语文教学参考》，2003(Z1)。
[3] 贾玲：《新理念 新中考 新成果——2002年中考语文改革述评（一）》，载《中学语文教学参考》，2003(Z1)。
[4] 杨向东：《指向学科核心素养的考试命题》，载《全球教育展望》，2018(10)。

时，就表现出了高水平的素养。再如，徐鹏在辨析核心素养基本特征的基础上，研制了语文关键能力框架①（如表2-1所示）。在该框架中，语言实践活动是核心素养形成的路径，语言运用情境是核心素养发展的载体，语文关键能力也需要在特定情境中展示和体现。

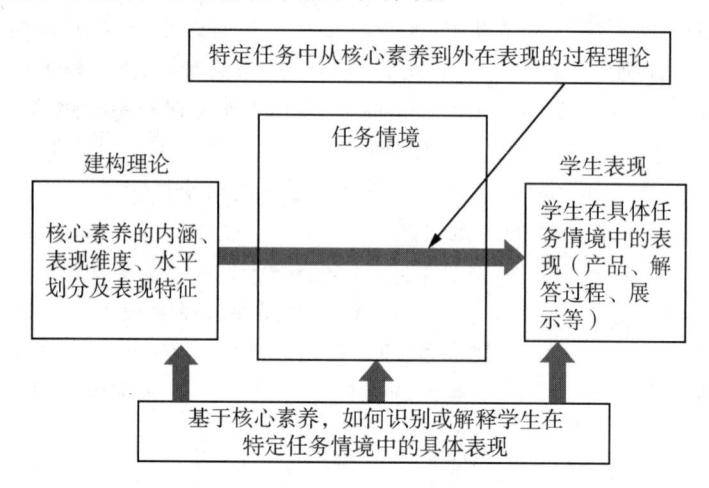

图 2-1　以建构为核心的核心素养测评模式

表 2-1　基于核心素养的语文关键能力框架

运用情境	实践活动		
	阅读与鉴赏	表达与交流	梳理与探究
个人体验	1. 整体感知 2. 信息整合 3. 理解阐释 4. 推断探究 5. 赏析评价	6. 陈述叙述 7. 描述表现 8. 解释分析 9. 介绍说明 10. 应对调整	11. 积累分类 12. 归纳比较 13. 筛选提炼 14. 批判创新 15. 迁移运用
社会生活	^	^	^
学科认知	^	^	^

体现在具体的评价实践上，越来越多的语文学科评价开始关注学生的语文积累水平，并能通过创设一定语境考查学生对所积累的语文知识的理解和运用能力。在阅读的测验中，富有文化内涵和时代气息的阅读材料为命题者所青睐，学生独特的感受、体验以及创造性的理解也逐渐成为考查的重点。作文的命题形式更加多样，范围和内容注重向生活开放，试图在鼓励学生自由表达的基础上，引导学生关注家乡、关注现实生活。

---

① 徐鹏：《语文核心素养评价：实施路径与未来展望》，载《课程·教材·教法》，2021(2)。

2022年，《义务教育语文课程标准（2022年版）》发布，进一步要求评价要从核心素养的角度反映学生的学业发展状况。由于这一阶段对语文素养的研究还属于起步阶段，对语文素养的形成过程、表现形式、影响因素等问题还没有形成一致的认识，语文学科学业评价虽然形成了"素养立意"的价值取向，但是在具体的实践过程中还存在很多矛盾和冲突。首先，在评价的功能定位上，评价试图发挥对教学的导向、反馈功能，却往往难以避免将评价结果应用于甄别和选拔。一些地区对学生的学业评价实施定位是诊断和改进教学，但是在评价结果出来之后，仍有将其用于问责教育或考核教师的现象。其次，在评价的内容上，评价试图全面考查学生的语文素养，但由于对素养本身认识不清，考查的内容重心仍然在听、说、读、写四项能力上，对素养的整体性和实践性都不够关注。最后，在评价的方式上，由于对标准化考试本身的技术缺少突破性的研究，考查的重心仍然是对知识本身的识记与理解。

小链接

核心素养是学生通过课程学习逐步形成的正确价值观、必备品格和关键能力，是课程育人价值的集中体现。义务教育语文课程培养的核心素养，是学生在积极的语文实践活动中积累、建构并在真实的语言运用情境中表现出来的，是文化自信和语言运用、思维能力、审美创造的综合体现。

1. 文化自信

文化自信是指学生认同中华文化，对中华文化的生命力有坚定信心。通过语文学习，热爱国家通用语言文字，热爱中华文化，继承和弘扬中华优秀传统文化、革命文化、社会主义先进文化，关注和参与当代文化生活，初步了解和借鉴人类文明优秀成果，具有比较开阔的文化视野和一定的文化底蕴。

2. 语言运用

语言运用是指学生在丰富的语言实践中，通过主动的积累、梳理和整合，初步具有良好语感；了解国家通用语言文字的特点和运用规律，形成个体语言经验；具有正确、规范运用语言文字的意识和能力，能在具体语言情境中有效交流沟通；感受语言文字的丰富内涵，对国家通用语言文字具有深厚感情。

3. 思维能力

思维能力是指学生在语文学习过程中的联想想象、分析比较、归纳判断等认知表现，主要包括直觉思维、形象思维、逻辑思维、辩证思维和创造思维。思维具有一定的敏捷性、灵活性、深刻性、独创性、批判性。有好奇心、求知欲，崇尚真知，勇于探索创新，养成积极思考的习惯。

4. 审美创造

审美创造是指学生通过感受、理解、欣赏、评价语言文字及作品，获得较为丰富的审美经验，具有初步的感受美、发现美和运用语言文字表现美、创造美的能力；涵养高雅情趣，具备健康的审美意识和正确的审美观念。

核心素养的四个方面是一个整体。语言是重要的交际工具和思维工具，语言发展的过程也是思维发展的过程，二者相互促进。语言文字及作品是重要的审美对象，语言学习与运用也是培养审美能力和提升审美品位的重要途径。语言文字既是文化的载体，又是文化的重要组成部分，学习语言文字的过程也是学生文化积淀与发展的过程。在语文课程中，学生的思维能力、审美创造、文化自信都以语言运用为基础，并在学生个体语言经验发展过程中得以实现。[1]

第二节　小学语文学业评价的发展趋势

进入 21 世纪，社会的信息化、数字化程度不断提高，信息技术的发展日新月异，指向核心素养培育的教育改革也在不断深化。评价作为教与学的重要组成部分，也在不断调整自身以适应新的挑战，实现指向核心素养的培养目标，其发展趋势主要体现在如下几方面。

一、突出真实情境中的评价

20 世纪 80 年代中期以来，情境认知与学习理论逐渐得以发展。学习

---

[1] 中华人民共和国教育部：《义务教育语文课程标准（2022 年版）》，4～5 页，北京，北京师范大学出版社，2022。

被看作个体在与情境的互动中创生意义的过程。①学生在经历各种真实情境过程中,学科知识和技能不断结构化,学科思维方式、探究模式和价值观念逐渐得以形成,并在应对和解决各种复杂开放的陌生任务时不断得到整合和运用。几个大型国际学业评价项目,如 PIRLS、PISA、NAEP 项目,都整合了情境、学科内容和核心素养三个维度,主要在具体的任务情境中对学生的阅读素养进行评价。可以说,以情境认知与学习理论为基础,发展情境型测验已经成为国际教育评价改革的重要发展趋势。②

这里所说的真实情境,指的是源于现实世界、贴近学生经验的生活场景。现实生活中的真实情境往往具有极其丰富的信息和特征,蕴含着大量的潜在线索和限制条件。真实情境下的任务不像传统测验题目那样具有完整明晰的条件和问题结构,通常也没有固定的答案和解题套路,显得更加真实和自然。这种任务让学生觉得是在解决有现实意义的问题,有助于激发学生参与和投入的兴趣。

二、关注高阶思维能力的评价

21 世纪,国家间的竞争主要是人才的竞争。 现代社会需要的人才是具有创新性、批判性的人才。党的十九大提出了加强创新型人才培养的国家策略,要把素质教育的重点放在培养学生的创新精神和实践能力上面。党的二十大提出,要坚持教育优先发展,着力造就拔尖创新人才。 由此可见,创新是全面建设社会主义现代化国家的第一动力。高阶思维是创新能力的基础。关注高阶思维能力的评价是培养创新人才、增强国家竞争力的必然要求。

另外,核心素养指向个体在现实情境中所表现出来的对特定领域知识、方法和观念的整合或重组能力,系统、严谨的探究能力以及创新性地解决问题的能力。③因此,关注高阶思维能力评价也是指向素养的学业评价的必然选择。

PIRLS、PISA、NAEP 等国际学业评价项目的共同特点是以开放性试

---

① John Seely Brown, Allan Collins & Paul Duguid, "Situated Cognition and the Culture of Learning," *Educational Researcher*, 1989(1).
② 李倩:《语文考试评价中的"情境":内涵、实践与启示》,载《中学语文教学》,2020(6)。
③ 杨向东:《指向学科核心素养的考试命题》,载《全球教育展望》,2018(10)。

题测评学生高阶思维水平。题目关注的是对学生思维水平的评价，而不是对答案本身的评价。例如，PISA 阅读素养测评采用编码赋分，对开放性试题不设标准答案，而是在评分参考中先简要描述题旨要求，接着列举若干语言组织形式不同但思路正确的备选答案，并用代码区分学生对同一问题的不同思考，从而把握学生不同解答背后的思维差异，通过细化阅读认知过程的层级指向"反思和评价"等较高层级的思维能力。[1]

小链接

　　阅读素养的学业评价是国际评价研究的重要内容之一。其中最具有代表性的且在国内认知度比较高的国际学业评价项目主要有三个：国际教育成就评价协会（International Association for the Evaluation of Educational Achievement，IEA）的"国际阅读素养进展研究"（Progress in International Reading Literacy Study，PIRLS）、经济合作与发展组织的"国际学生评价项目"（The Programme for International Student Assessment，PISA）、美国国家教育进展评价（National Assessment of Educational Progress，NAEP）。

　　PIRLS 是国际教育成就评价协会 IEA 的研究项目之一。PIRLS 测验于 2001 年开始进行，测验对象为四年级（9～10 岁）的学生。项目计划每五年在全球范围进行一次阅读素养评价，以此来监控学生阅读素养的未来发展。PIRLS 不仅关注学生阅读素养的成绩，也关注家庭和学校阅读学习的背景对学生阅读素养的影响，它基于各种真实的阅读材料进行综合的评价，要求学生参与各种阅读过程，以测量其阅读素养。

　　PISA 是经济合作与发展组织于 2000 年推出的与以往不同的一种学生评价方式。该项目主要评估接近义务教育末期（15 岁）的学生应用所学知识和技能完成他们在今后生活中需要完成的任务和在社会中行使职责以及持续学习能力的情况。第一次 PISA 评估于 2000 年举行，此后每三年举行一次。PISA 测验强调在现实生活中的能力，特别重视那些与学生将来生活有关的基本知识和技能。

　　NAEP 是目前全美唯一为学生普遍知晓的、有代表性的、一以贯之的国家评价标准，于 1969 年作为自愿参与的合作性计划出台，并开始进行评

---

[1] 王宇珍、程良宏：《PISA 2018 阅读素养测评的命题理念、试题特点及其启示》，载《教育理论与实践》，2020(32)。

估。该标准可在多个学科领域运用，主要是针对四年级、八年级的学生进行调查。它的目的主要是测量学生的学业成就以及寻找四年级、八年级学生在所测查的领域中学业成就不断变化的影响因素。

三、强化计算机在线评价

随着信息技术的飞速发展，利用计算机进行的在线评价在很多方面表现出优势，成为学业评价发展的一个新趋势。2016年，PIRLS项目对大约85000名四年级学生进行了在线测验。2017年，美国"加州学生操作和进步评估"项目对加州全州学生进行了在线测验。2018年，"澳大利亚国家评估计划"对三年级、五年级、七年级和九年级学生的在线素养和算术素养进行了评估。

美国教育测量服务中心的兰迪·贝内特（Randy E. Bennett）博士曾指出计算机在线评价的优势至少体现在以下三个方面：第一，通过加速试题呈现和反应回收可以更有效和快捷地测验学生的传统意义的学力（学生所学的知识、技能和能力的统称）；第二，可以对传统方法无法测量的、新的学力进行测验，如用计算机进行写作、在有网络链接文本的条件下进行阅读、在虚拟空间与远距离同伴进行合作，以及对问题解决过程本身进行测量；第三，使人们收集和分析在线学习的"大数据"成为可能。①

延伸探索与思考

①找一份语文试卷，看看其中是否有基于具体情境命制的题目。
②指向素养的评价为什么要强调高阶思维？

---

① Randy E. Bennett：《教育测量的未来趋势》，载《教育测量与评价》，2019(3)。

第二部分
小学语文学业评价工具开发

第三章 小学语文学业评价工具开发概述

第一节 评价工具开发的基本流程

美国评价研究专家史蒂文·道林（Steven M. Downing）和托马斯·哈拉迪纳（Thomas M. Haladyna）在《测试开发手册》（*Handbook of Test Development*）中提出，有效的测验开发需要一套系统的且组织良好的方法，以确保获得充分、有效的证据来支持从测验分数中提出的各种推论。他们将有效的测验开发梳理为指向多元目标达成的十二个步骤，分别为制订测验整体计划、界定测验内容、编制测验细目蓝图、编制试题、测验设计与组合、测验印刷制作、测验实施、阅卷评分、划定分数线、报告测验结果、题目入库和技术报告（如图 3-1 所示）。

```
              多元目标
               ↑↑↑
          12. 技术报告
          11. 题目入库
          10. 报告测验结果
           9. 划定分数线
           8. 阅卷评分
           7. 测验实施
           6. 测验印刷制作
           5. 测验设计与组合
           4. 编制试题
           3. 编制测验细目蓝图
           2. 界定测验内容
           1. 制订测验整体计划
```

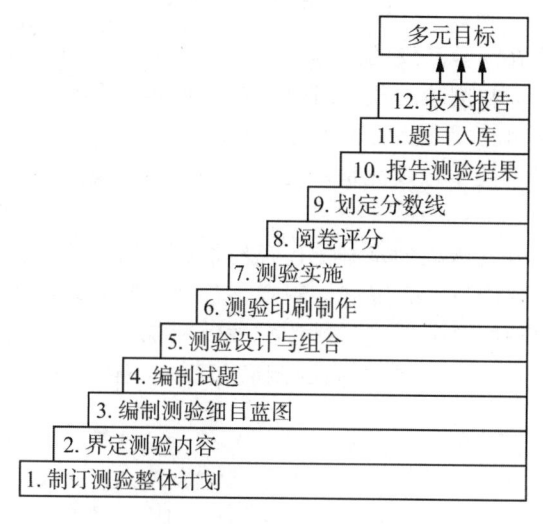

图 3-1 测验开发的十二个步骤

美国佛罗里达大学的大卫·米勒（David M. Miller）等人在《教学中的测量与评估》（*Measurement and Assessment in Teaching*）一书中，将教学中的测验开发总结为七个步骤，分别为确定评价目的、制作蓝图、选择合适的评价任务、准备相关的评价任务、编制评价、实施评价、应用结果（如图 3-2 所示）。

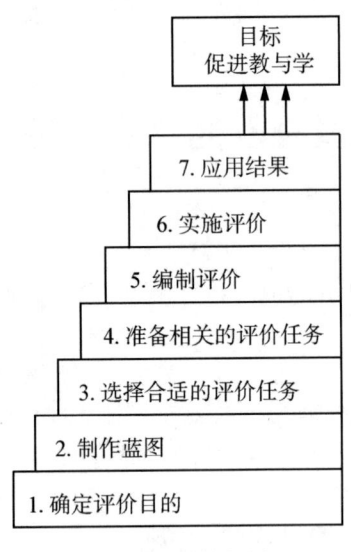

目标
促进教与学

7. 应用结果
6. 实施评价
5. 编制评价
4. 准备相关的评价任务
3. 选择合适的评价任务
2. 制作蓝图
1. 确定评价目的

图 3-2　测验开发的七个步骤

不同的专家在测验开发的具体步骤上有不同的认识，从整体上看，根据不同的测验目标和测验功能，测验开发的步骤也会有繁简之分。一般来说，范围越大的测验，开发的流程也会越复杂。测验开发中的一些步骤对于确保测验的科学性和有效性是不可或缺的，这一观点得到了不同研究者的一致认可。

在比较不同开发流程的基础上，我们将测验工具的开发总结为五个步骤，分别为确定评价目的和形式、制定评价框架和表现标准、设计测验蓝图和细目、初步编制测验题目、修订完成测验工具。经过这样五个步骤，基本就可以得到一个可信度较高的测验工具。下面对每个步骤进行逐一说明。

一、确定评价目的和形式

英国哲学家弗兰西斯·培根（Francis Bacon）曾经说过："如果一个人走错了路，那么他越是活动，越是跑得快，就越是会迷失得厉害。"学业评价工具开发的第一步，也是最关键的一步，就是对学业评价进行整体设计，包括评价的目的、形式、范围、结果使用方式等。

首先，确定学业评价的目的。学业评价的总体目的是收集学生达成学业标准的相关证据，对达标的程度进行价值判断。所以学业评价总体属于基于标准的评价。具体来说，学业评价还包括不同的具体目的。如对某一具体学科内容进行的专项评价、对某一阶段学习进行的特定评价、对学生学科素养整体发展状况进行的评价等，这些评价的具体目的，都会直接影响整个评价的实施与推进。如果是针对某一具体学科内容的专项评价，测验题目可能就会聚焦在某一个专项能力上；如果是针对某一阶段学习进行的特定评价，测验内容就会集中在这一阶段的学习内容上；如果是针对学科素养整体发展状况的评价，测验则会突出学科知识、能力的综合运用。只有先确定了学业评价的目的，才能确保后续的评价实施始终指向于评价目的的达成。

其次，确定学业评价的范围。学业评价的范围对于测验工具的开发也具有直接的影响。如果是小规模的测验，测验工具的形式可以灵活、丰富一些；但如果是大规模的测验，一些表现性评价的题目就不太容易实施，纸笔测验就更具有实施的优势。

最后，确定学业评价的形式。学业评价的形式包括纸笔测验、表现性测验、计算机测验等。测验形式会影响测验工具的开发过程，需要提前确定。

二、制定评价框架和表现标准

（一）评价框架

评价框架体现了学科专家对于学生学习结果的认识，即从哪些角度对学习结果进行评价更为科学、客观，也是对本学科学生学习结果的抽象化、模型化的认知。

就国内外的评价框架来看，大都包括两个维度：内容维度和认知维度

（如表3-1所示）。

表3-1　评价框架

	认知维度1	认知维度2	……
内容维度1			
内容维度2			
……			

维度通常与所考查领域的知识内容密切相关。如语文学科中的识字、写字、阅读等。维度的设定体现了对学科学习的广度要求。

认知维度虽与评价领域的知识内容无关，但体现了知识内容的认知水平或操作层级要求，这个维度通常是在心理学目标分类理论基础上确定的。当前，国内外测评领域应用最多的还是来自美国教育心理学家布卢姆的教育目标分类理论（知识、理解、应用、分析、综合与评价六个层面），或者在其基础上所形成的体现认知能力层级的各种组合变式。如在北京市义务教育教学质量分析与评价反馈系统的学业水平测验中，能力维度设定大多采用识记、理解与应用三个水平。这一维度的设定体现了对学科学习的深度要求。

近年来，随着情境学习理论的发展，也有一些指向素养的评价框架出现了情境目的这一维度。如PISA的阅读素养测验，虽然PISA几次修订其阅读素养评价框架，但在框架的总体设计上，始终保持了情境目的、文本、认知过程三个维度（如表3-2所示）。

表3-2　不同测评周期PISA阅读素养评价框架的变化

测评周期	PISA 2000	PISA 2009	PISA 2018	
认知过程	信息定位	访问与检索	文本处理过程+任务管理	浏览并把握信息位置
				查找并选择相关的文本
	把握大意	整合与解释		理解文本的字面意义
	推论性理解			形成整合与推论
	对内容的反思与评价	反思与评价		反思内容与形式
	对形式的反思与评价			评价信息的质量与可信度
				发现并处理相冲突的内容

续表

测评周期	PISA 2000		PISA 2009		PISA 2018	
文本	散文	叙事、描述、说明、议论、指示	媒介	印刷、数字	资料	单一文本、多重文本
			环境	作者中心、信息中心	组织与导航	静态文本、动态文本
	非散文	图式、广告、图表、地图等	体裁	连续性文本、非连续性文本、多重文本	体裁	连续性文本、非连续性文本、混合文本
			类型	描述、叙事、说明、议论、指示、互动类文本	类型	描述、叙事、说明、议论、指示、互动类文本
情境	个人的、公共的、职业的、教育的					

当然，语文学科的学习内容和能力要求具有比较强的整体性，所以，也有一些大规模学业评价将两个维度进行整合，采用一维框架。如北京市义务教育教学质量分析与评价反馈系统对语文学科的监测，就只有一个维度——学习领域（如图 3-3 所示）。

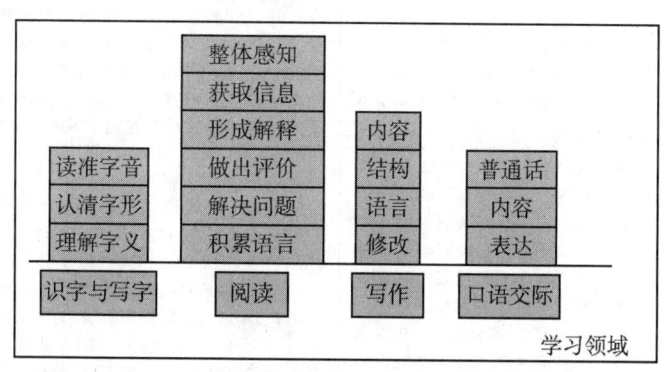

图 3-3 北京市义务教育教学质量分析与评价反馈系统的语文学科评价框架

（二）表现标准

表现标准描述的是学生的表现水平，体现了不同成就水平的学生对各学科的重要内容的掌握程度。表现标准的描述基于学科课程标准对不同年级、不同水平的学生学习的具体要求，突出学生的典型行为表现特征。不同年级、不同水平的表现标准整体反映了学生在学科学习过程中的连续性、递进性和发展性。因此，表现标准的描述往往采用能够体现认知层次特征的动词或副词加动词的方式来体现各学业成就水平的学生知道什么，能做什么的最低标准。

下面是 NAEP 对四年级、八年级学生不同表现水平的描述（如表 3-3 所示）。

表 3-3　NAEP 对四年级、八年级学生不同表现水平的描述

阅读成就水平	四年级	八年级
卓越/高级	表现卓越的四年级学生在阅读选文时应该能归纳出主题，并能了解作者是如何写作及运用文学技巧的。当阅读适合四年级水平的文本时，他们能对文本进行批判性判断，并且通常能给出经过仔细思考的完整的答案。如当阅读文学性文本时，此水平的学生应该能够概括文章的要点，并能将自身的体验、先前的阅读与文本中的观点相结合，从而扩展文本的意义。他们应该能够识别文学技巧，如比喻性的语言等。当阅读信息性文本时，表现卓越的四年级学生应该能够运用文中的支持性材料来解释作者的意图。他们应该能够对文本的形式和内容进行判断并能清晰地进行说明	表现卓越的八年级学生应该能够描述文本中更为抽象的主题和观点。当阅读适合八年级水平的文本时，他们应该能够分析文本的形式和意义，并能运用文本中的例子明确地支持他们的分析，还能将文本与自身的体验及社会事件相联系以扩展文本信息。这种水平的学生的回答应该是彻底的、有思想性的、有广泛性的。如当阅读文学性文本时，此水平的学生应该能够做复杂的、抽象性的总结和主题阐述。他们应能描述不同文学要素（环境、情节、人物、主题等）的相互作用并能解释文学技巧的运用是如何影响文本的意义及作者的风格的。他们应能批判地分析和评价文本的写作方式。当阅读信息性文本时，他们应能分析作者的目的和观点。他们应能运用文化及历史的背景信息形成对文本的观点，并能运用文本信息。当阅读实用性文本时，表现卓越的八年级学生应该能够合成信息指导自身的行为，将文本信息运用到新的情境中，并能评论形式和内容的有效性
优秀/精通	表现优秀的四年级学生应该能对文本有全面的理解，能够提供推论性结论。当阅读适合四年级水平的文本时，他们能够通过推论、总结与个人经验建立联系，从而扩展文本中的思想。文本与学生的推论之间的联系应该清晰。如当阅读文学性文本时，此水平的学生应该能够概括故事，对人物或情节进行总结，并且能认清因果关系。当阅读信息性文本时，表现优秀的四年级学生应该能够概括信息，识别作者的意图或目的。他们应能从文本中抽取合理的结论，认清因果关系，认清区别与联系，并能识别选文的关键概念的含义	表现优秀的八年级学生应该能展现对文本的全面理解。当阅读适合八年级水平的文本时，他们应该能够对文本进行清晰的推论、总结，并与自身体验（包括其他阅读体验）相联系来扩展文本的思想。表现优秀的八年级学生应该能够识别一些作者在写作文本时运用的写作技巧。如当阅读文学性文本时，此水平的学生应能对他们所确定的主题提供细节及范例支持。在阐释主题时应能运用隐含的或明确的信息；应能解释人物的动作、行为和动机；并能识别如拟人、暗示等写作技巧。当阅读信息性文本时，他们应能运用隐含的或明确的信息来总结文本，能运用基于文本的信息来支持结论。当阅读实用性文本时，表现优秀的学生应能描述它的目的，使用范例和细节来支持他们的观点。他们应能判断某个步骤和程序的重要性

续表

阅读成就水平	四年级	八年级
合格	表现合格的四年级学生应该能够理解他们所阅读的文本的总体意义。当阅读适合四年级水平的文本时，他们能够将文本与自身经历建立相对清晰的联系，并能通过简单的推论扩展文本的思想。如当阅读文学性文本时，他们应能说出文本讲述的内容（能提供细节以支持其理解），并能将文本的内容与自身的经验相联系。当阅读信息性文本时，此水平的学生应该能讲述文本的大概内容或者确定阅读目的，提供细节以支持其理解，并能将文本的思想与他们的背景知识和经验相联系	表现合格的八年级学生应该能够理解其所阅读的文本的字面意思并能做一些解释。当阅读适合八年级水平的文本时，他们应该能够确认反映文本大意的某些方面。能通过以下途径扩展文本的思想：进行简单的推论、将文本中观点与个人体验相结合、基于文本做出结论。如当阅读文学性文本时，表现合格的八年级学生应能识别主题，并能对情节和人物等方面做出推论及合乎逻辑的预测。当阅读信息性文本时，学生应识别主要思想和作者的目的，能依据文本信息做出推论、得出结论。能认识事实、思想、事件及文本概念（如因果、次序）的关系。当阅读实用性文本时，学生应识别主要目的和文本的不同程序之间的明显相关的结果，从而做出预判

三、设计测验蓝图和细目

测验蓝图是评价框架在评价工具（纸笔测验一般为测验卷）中的具体体现，是对测验的整体设计思路的完整呈现。它就像是盖房子的图纸，整体设计了测验的内容构成、能力要求、题型分布、各部分的比例安排以及总体测验时间等（如表 3-4 所示）。

表 3-4　测验蓝图

比例	能力维度				内容维度			
	层次 1	层次 2	层次 3	……	层次 1	层次 2	层次 3	……
题量比例								
分数比例								

测验蓝图对确保测验的有效性具有重要的作用。一方面，测验蓝图最大的作用在于保证测验对于所测量领域的代表性，提高测量准确性。在绝大多数情况下，学业评价都只是一种基于评价目的的抽样测验。从哪些角度抽取内容，这些抽取的内容是否具有典型性，最终能否实现评

价目的，这些都在很大程度上依赖于评价框架。另一方面，测验蓝图还可以保证在不同时间实施相同性质的测验，能够测量到相同的能力和知识结构，增加测量效度。通常而言，不同的测验卷在测查内容、难度、比例结构等方面都是不同的。但如果两份试卷是基于同一个测验蓝图的，那么它们在测验的内容和结构上就会具有比较高的一致性。为此，若要深入研究测验结果，就应该在测验蓝图中详细描述测验的相关细节（如表3-5所示）。

表3-5　北京市义务教育教学质量分析与评价反馈系统语文学科测验蓝图

	内容领域										
	识字与写字				阅读					写作		
	读准字音	认清字形	理解字义	独立识字	书写	整体识记	提取信息	形成解释	做出评价	实际运用	语言诗文积累	内容	结构	语言
题量及百分比	6 10%	8 14%	6 10%	2 3%	2 3%	7 12%	5 8%	6 10%	4 7%	6 10%	4 7%	1 2%	1 2%	1 2%
分值及百分比	6 5%	8 7%	4 5%	4 4%	5 5%	10 15%	15 9%	9 8%	6 5%	9 8%	10 9%	9 8%	4 4%	9 8%
各部分题量及百分比	24 40%					32 54%						3 6%	
各部分分值（满分110分）及百分比	29 26%					59 54%						22 20%	

　　测验细目表是在蓝图基础上的深度化、具体化与操作化，是对整份试卷每个题目测验能力、内容、题型、难度、评分标准等的具体标定。由于其往往是双向二维表格，所以又称双向细目表。下面是一个小学语文试卷双向细目表的例子（如表3-6所示）。

　　为了实现测验目的与功能，测验蓝图和细目表都应形成于开始编写试卷之前，在试卷编制过程中还可以不断进行细微调整，但在整体结构上应该是稳定的。在某些低风险的日常校内测验中，只有蓝图也是可以的。

表 3-6　北京市义务教育教学质量分析与评价反馈系统语文学科双向细目表（部分）

考查内容	总题量	总分值	考查能力	题量	分值	具体描述	试题编号	试题类型	题目水平	预估难度	答案	满分
积累与运用	17	34	读准字音	4	8	能读准多音字	C3A0011	单选题	C	0.92	B	2
						能读准多音字	C3A0021	单选题	C	0.92	C	2
						能利用汉语拼音纠正地方音	C3A0031	单选题	C	0.89	A	2
						能分辨常见的误读音	C3A0041	单选题	C	0.85	D	2
			认清字形	4	8	能分辨音同形近字的误用	C3A0051	单选题	C	0.87	D	2
						能分辨音同形近字的误用	C3A0061	单选题	C	0.89	B	2
						能分辨形近字的误用	C3A0071	单选题	C	0.83	B	2
						能分辨同音字的误用	C3A0081	单选题	C	0.90	D	2
			理解词义	9	18	能理解常用词语的基本意思，并分辨词义间较明显的差别	C3A0091	单选题	C	0.88	B	2
						能理解常用词语的基本意思，并分辨词义间较明显的差别	C3A0101	单选题	C	0.90	A	2
						能理解常用词语的基本意思，并分辨词义间的细微差别	C3A0111	单选题	B	0.78	D	2
						能理解常用词语的基本意思，并分辨词义间的细微差别	C3A0121	单选题	A	0.67	A	2
						能理解常用词语的基本意思，并在较简单的语境中恰当运用	C3A0131	单选题	C	0.94	C	2

续表

考查内容	总题量	总分值	考查能力	题量	分值	具体描述	试题编号	试题类型	题目水平	预估难度	答案	满分
积累与运用	17	34	理解词义	9	18	能理解常用词语的基本意思，并在较复杂的语境中恰当运用	C3A0141	单选题	B	0.81	A	2
						能理解常用词语的基本意思，辨析词语的差别，并在语境中恰当运用	C3A0151	单选题	A	0.69	A	2
						能理解常用词语的基本意思，并在语境中恰当运用	C3A0161	单选题	C	0.92	C	2
						能理解常用成语的基本意思，并在语境中恰当运用	C3A0171	单选题	C	0.87	B	2

四、初步编制测验题目

在确定了测验的蓝图和细目表之后，就可以开始按照蓝图和细目表开发题目了。一般来说，语文学科的题目开发大致包括筛选测验材料、拟订测验题目、调整题目顺序以及题目的自我修正四个环节。在这四个环节中，要充分考虑不同测验材料的测验空间、不同题型的测验功能，将之前的蓝图和细目变为具体的测验题目。后面还将对这部分内容进行详细说明。

五、修订完成测验工具

初步拟订的测验题目，最后还要经过专家评审、小规模预测验。根据专家评审的意见和预测验数据，对题目中可能存在的问题进行修订和完善，能最大限度保证测验工具的科学性和有效性。对于一些规模较小的评价，可以酌情考虑跳过预测验环节。

第二节　评价工具开发的基础理论

学业评价是对学生在学科学习中达成目标程度的评判。因此，研究学业评价必须建立在对教育目标的有效分类基础上。这里主要介绍两种分类理论：一种是在我国应用较广的布卢姆教育目标分类理论，另一种是SOLO分类理论。

一、布卢姆教育目标分类理论

布卢姆是美国杰出的教育心理学家，芝加哥大学荣誉教授。布卢姆的教育目标理论系统包括认知、情感和动作技能三个领域的教育目标分类。在学业评价中应用较多的是其认知领域的教育目标分类。

（一）布卢姆教育目标分类理论的层次划分[①]

布卢姆教育目标分类理论在认知领域共包括如下六个层次。

知识：这里所说的知识与我们一般理解的知识的含义有所不同，一般理解的知识是指人们在社会实践中总结的经验的总称，而这里所说的知识是指对先前学习的材料的记忆，包括具体事实、方法、过程、理论等，其所要求的心理过程主要是记忆。这是最低水平的认知学习结果。

领会：是低层次的理解，但比知识层次的要求高，指能把握材料的意义，可以借助转化、解释、推理三种形式来表明对材料的领会程度。转化，即用自己的话或用与原先的表达方式不同的方式表达自己的思想；解释，即对一项信息加以说明或概述；推理，即估计将来的趋势（预期的后果）。领会水平的题目可能是解释图表数据、将文言文译成白话文、推断事态的发展结果等。

运用：指能将习得的材料应用于新的具体情境中，包括概念、规则、方法、规律和理论的应用。运用代表较高的理解水平。这种能力的形成，标志着学生在智力上已有独立性，不再完全依赖教师、专家和其他权威。所谓新情境，布卢姆说："对课堂上解答过的问题或情境，仅在数量、符号上有些变化，冠以新名称或稍微变动形式，都不能算作新问题、新情境。"新情境的核心是真正使学生开动脑筋，使学生饶有兴趣地思考并解决问题。

分析：指能将整体材料分解成它的构成成分并理解组织结构，包括部分的鉴别，分析部分之间的关系和认识其中的组织原理。分析代表着比运用更高的智能水平，因为它既要理解材料的内容，又要理解其结构。

综合：指能将部分以过去没有清楚呈现的式样或结构组成整体。包括发表内容独特的演说或文章，拟订一项操作计划或概括出一套抽象关系。它所强调的是创造能力，需要产生新的模式或结构。综合是发散思维的一种形式，可表现出学生一定的创造力。

评价：指对材料（如有关论点的陈述、小说、诗歌、研究报告等）做价值判断的能力。包括按材料内在的标准（如组织）或外在的标准（如与目的之间的适当性）进行价值判断。这是最高水平的认知学习结果，因为它要求超越原先的学习内容。

---

① ［美］B.S.布卢姆等：《教育目标分类学》第一分册，罗黎辉、丁证霖、石伟平等译，191～200页，上海，华东师范大学出版社，1986。

（二）布卢姆教育目标分类理论的特点

教育目标分类学的提出是为了使教材编写者、教师和测验设计者能有一个较一致的标准，以便于评价知识、能力诸方面的教学效果。它立足于对学生学习行为的指导，一改过去含糊、笼统的教学目的，代之以明确、有序的教学目标。[①]它具有便于检查、交流、操作的优点。[②]其特点包括如下几点。

1. 基于行为主义的立场

布卢姆认为，制定教育目标是为了便于客观地评价，而不是表述理想的愿望，事实上，只有具体的、外显的行为目标才是可测量的。因此，要用学生外显的行为方式来陈述教育目标。并且，布卢姆教育目标分类理论的一个基本的假设就是复杂行为是由简单行为构成的，可以设计一个从简单到复杂按层级排列的目标体系，高一级的目标包含低一级的目标，这些都体现了布卢姆教育目标分类理论的行为主义立场。正如施良方所指出的，布卢姆的教育目标分类学基本是站在行为主义的立场上的，与行为主义的原子论和还原论是一脉相承的。[③]

2. 具有很强的可操作性

在布卢姆看来，目标分类本身并不是目的，而是一种工具，是为教师进行教学和科研服务的。因此，教育目标分类力求将各个目标"行为化"，以方便教师操作。我国近年来的教育实践证明，对教育目标进行分类能够使教学目标在表述上实现具体化、准确化，对学生的学业评价也有较为明确、合理的标准，能有效地避免学业评价过程中的随意性和盲目性，能规范教学和评价工作。布卢姆教育目标分类理论对目标有行为性描述，能将教学和评价的各个目标落到实处，具有很强的可操作性。

3. 有利于安排试卷的整体结构

布卢姆教育目标分类理论产生的原因之一是测验的需要，它注重测验时对各个知识点的覆盖，强调覆盖不同的能力。因此，利用布卢姆教育目标分类理论，可以有效地对试卷中的各个知识点进行整体设计，合理安排各个知识点的考查比例。

---

① 李建新：《布鲁姆的"目标教学"理论及在教学实践中的应用》，载《楚雄师专学报》，2000（4）。
② 张春莉、高民：《布卢姆认知领域教育目标分类学在中国十年的回顾与反思》，载《华东师范大学学报（教育科学版）》，1996（1）。
③ 施良方：《学习论——学习心理学的理论与原理》，373页，北京，人民教育出版社，1994。

4. 不受学科内容限制

因为布卢姆教育目标分类理论是按照学生的认知水平进行划分的，所以它能够超越学科内容的界限，具有适用性。这种特性表现为，教育目标分类的方法不受学生年龄和教学内容限制。不论是数学、语文还是历史、地理，不论是低年级学生还是高年级学生，都可以把教育目标分类理论的层次结构作为框架，加入相应的内容，形成每门学科的教育目标体系。[①]

（三）对布卢姆教育目标分类理论的反思

布卢姆教育目标分类理论也存在一些难以克服的问题，具体如下。

1. 过分关注"知识点"

布卢姆教育目标分类理论以行为主义为立场，追求对认知水平的行为化，它淡化了知识发生、发展的过程及知识结构间的内在联系，一味强调罗列知识点。由此培养出来的学生仅是掌握知识的人才，与 21 世纪对运用知识，甚至创造知识的人才需求不完全相符。

对于这一点，荷兰数学教育家弗罗伊登塔尔（H. Freudenthal）进行了这样的概括：布氏理论只是强求知识点的汇总，忽略了所有的细微差别，割裂了知识间的有机联系，这是不符合人类认识规律及教学规律的。

2. 应用在语文测验中，会忽视学科能力的整体性和联系性

正是由于布卢姆教育目标分类理论过于关注知识点的覆盖率，所以它的另一个问题是忽视了学科的整体性，尤其是语文学科。语文是一门综合性很强的学科，强调语文素养的整体性。不论是在培养还是在评价过程中都很难也不应该把它细目化。该系统适宜考查那些机械性的知识，难以考查思维的过程和思维的品质，尤其是对于语文学科中情感、态度、文化修养等基本素养，更难以考查。

3. 对于高层次目标的作用不大

布卢姆教育目标分类理论应用于测验时，每一道题目的属性都是被事先确定的，即在学生做题目之前就把题目贴上了标签，标定了其认知水平：某道题目是属于识记水平的，或是属于理解水平的等。这样一来，命题者就只能判断学生是否达到了题目要求的能力水平，而不能对学生达到了何种能力水平做出判断，降低了评价对教学的反馈作用。

并且，布卢姆教育目标分类理论对于低层次的能力，如"知识""领会"的能力，比较容易划分，在考查时也比较容易落到实处，但是对于理

[①] 杨明权：《加涅与布卢姆教育目标分类理论之比较》，载《汉中师范学院学报（社会科学）》，1996(1)。

解、分析等能力,由于语文学科的整体性,能力往往是整合的,很难简单地划分出某一种能力,所以很难有效地进行评价。甘其勋也曾指出布卢姆理论的问题:"认知领域低层次目标作用明显,高层次目标作用不大;情感领域收效甚微,评价手段无力;动作技能领域实际上是个空白。"[1]

4. 对于如何教学缺乏指导力量

布卢姆教育目标分类理论强调通过测验对学生的学习状况(是否掌握某一知识、是否达到某一能力)做出二元判断,对学生的学习结果进行鉴别。而评价的重要作用之一,是对学生的学习状况做出反馈,促进教师教学和学生学习。显然,布卢姆教育目标分类在这方面的作用不大。

这一点,皮连生曾经指出,布卢姆所用的标准是测量学的。他说:"区分认知领域六级目标是为了指导教学结果的测量和评价。……分类系统中并未阐明知识和智慧技能是怎样习得的,所以用它来导学和导教是有困难的。"[2]

并且,由于布卢姆教育目标分类理论针对的是题目本身,而不是评价学生对具体题目的反应质量,因此当将它应用于评价开放性题目时,对学生不同反应的评价会失之偏颇。

二、SOLO 分类理论

SOLO(Structure of the Observed Learning Outcome)的意思是可观察的学习结果的结构。1982 年香港大学教育心理学教授比格斯(John B. Biggs)和克莱斯(Kevin F. Collis)在研究皮亚杰认知发展阶段理论的过程中提出了 SOLO 分类理论。它吸取了皮亚杰认知发展理论中的合理因素,同时对皮亚杰的理论进行了修正和发展,从关注儿童认知发展的阶段,转向关注儿童对问题的反应中所表现出来的思维结构。

比格斯等人认为,皮亚杰的认知发展理论是对总体认知结构发展的阶段划分,但是总体认知结构是一个纯理论性的概念,是不可以直接检测的,比格斯称之为"假设的认知结构"。为了直接检测学生的认知发展水平,在皮亚杰认知发展阶段论的基础上,比格斯提出,在总体认知结构发展的每一个阶段,都还会有不同的水平。这些水平可以通过学生在回答某

---

[1] 甘其勋:《试论目标教学的中国化》,载《中学语文教学参考》,1997(7)。
[2] 皮连生:《学与教的心理学》,238 页,上海,华东师范大学出版社,1997。

个具体问题时所表现出来的思维结构的复杂性来体现,它是可以直接检测的。这种根据学生在问题回答中思维结构的复杂性判断学生认知发展水平的评价方法被称为 SOLO 分类评价法。

(一) SOLO 分类理论对学生反应水平的描述

SOLO 分类理论的理论基础是结构主义学说。[1]它将学生在问题中的反应,按照思维结构的复杂程度不同划分为从低到高五种不同的水平。[2]

前结构水平:提供完全错误或者不相关的答案。学生没有储备与所面对问题相关的知识,或者没有真正理解问题,所以学生的回答是完全错误的,或者是与所问的问题完全不相关的,或者使用了与问题要求相比过于简单的方式回答问题。

单一结构水平:仅使用所给问题的某一个相关信息。学生只抓住了或者使用了回答问题所需要的几个方面的信息之一,然后就直接跳回了问题,或者仅仅是靠记忆进行的回答,不存在理解。

多元结构水平:连续使用所给问题的多个相关信息。学生抓住了或者使用了回答问题所需要的所有方面或者其中的几个方面的信息,甚至能够在几个方面之间建立起联系,但是对于这些方面的使用仍然是孤立的,没有将所有方面有机联系在一起。对于这个水平的评价主要是从数量上看的。

关联结构水平:对所给问题的全部相关信息进行综合,并形成唯一的结论或者概括内容。学生能够抓住并使用回答问题所需要的所有方面的信息,并且能够将这些信息进行综合和概括,形成一个统一的整体。这个水平就是一般意义上的对问题的充分理解,表现为能回答或解决较为复杂的具体问题。但是这个水平的学生在回答问题时所使用的信息仍然是与问题直接相关的,不会使用到问题没有直接涉及的而与问题本身有联系的其他信息,不会将问题置于更一般的、更广阔的情境中进行考虑或者对问题提出疑问。

拓展结构水平:对各种相互影响系统的综合使用,以形成对问题的反应。学生能够在关联的基础上,联系与问题相关的所有影响系统(包括问题中没有直接提到的,但是有影响的系统),将问题置于一个更为广阔的

---

[1] 吴维宁:《教育评价新概念——SOLO 分类法评介》,载《学科教育》,1998(5)。
[2] John B. Biggs & Kevin F. Collis, *Evaluating the Quality of Learning: the SOLO Taxonomy*, New York, Academic Press, 1982, pp. 23-29.

情境中，对问题进行全面的思考以及更高水平的概括和归纳。这个水平的反应最终可能形成一个一般的、假设的、开放性的答案或者形成一个新的主题、领域，这一层次的学生表现出更强的钻研和创造意识。但是，并不是每个人，在每个领域上都可以达到拓展水平。

此外，比格斯还指出，虽然总体认知发展阶段决定了学生对具体问题反应的最高水平，但由于学生在具体问题上的反应还会受到学习动机、既有知识、表现欲望等因素的影响，因此根据皮亚杰的分类法给学生贴标签，认定其总体认知发展阶段对于实际教学的反馈作用并不是很明显，这是因为学生在不同的学科领域、题目上都可能处于不同的发展阶段。

根据 SOLO 分类理论的这些基本设想，学生在具体问题中表现的思维结构的复杂性是不同的，他们可能会出现"前结构""单一结构""多元结构""关联结构""拓展结构"五种不同的水平，每种水平都表现了学生在回答问题时不同的思维结构。因此，我们可以相信，在具体的阅读题目上学生也会有各种不同水平的反应，对学生阅读能力的评价不能简单地进行正误判断，还需要说明学生阅读能力发展的具体情况。另外，由于 SOLO 分类理论关注学生在回答问题时表现出来的思维结构，较少受到具体知识点的影响，因此，在对学生的阅读能力进行评价时，有利于将焦点放在学生使用的语言背后所包含的思维结构上，提高评价的有效性。

（二）SOLO 分类理论的特点

1. 允许学生在不同学科、不同问题上有不同表现

在 SOLO 分类理论中，后一水平必须建立在前面的几个水平的基础上。如学生达到多元结构水平的反应必然是以其达到了前结构和单一结构水平的反应为基础的，而学生如果没有达到多元结构水平，也一定不能达到更高一级的关联结构水平或者拓展结构水平。并且，当学生获得新的认知方式时，新的认知方式并不会取代旧的认知方式，而是与旧的认知方式同时发展。

根据这一观点，学生在不同认知领域中能力的发展可能具有不一致性，学生在同样的年龄在不同领域会有不同的发展。因此，SOLO 分类理论允许学生在某一个问题上达到关联结构水平，而在其他问题上却只能达到较低水平。高一级的水平仅仅代表了学生所能达到的最高水平，而不是所有的学科领域都能达到的水平。

2. 区分质的差异，不做量的比较，有利于评价学生的思维水平

SOLO 分类理论的标准是将学生对问题的反应进行质的比较，以结构

的复杂性（指学生反应水平上的结构差异）来测量认知结构的质量，而不从量的角度对学生的反应进行比较。如面对一道阅读题，并不是学生写得越多，他的能力就越强；并不是学生答对的题目越多，他所处的认知水平就越高。如果学生答对了10道题目，其中有9道题目都是属于简单记忆水平的，或者说是单一结构水平的，那么也不能说他比那些答对了1道多元题目的学生水平高或者低，只能说明他在题目所考查的内容上处于单一结构水平。这样的测量方式更有利于教师对学生的思维水平做出客观的评价。

3. 对学习反应结果分类，有利于评价发挥反馈作用

SOLO分类理论是对学生对问题的反应结果进行分类，而不是对学生进行分类，它并不在学生之间进行比较。它只能评价出学生在某一道题目上、某一个内容上处于一个什么样的水平，但是并不能对学生做出整体上处于什么认知水平的评价。如学生在一道题目上的反应是单一结构水平的，那么我们可以得出结论，这个学生在题目测验的内容上所处的水平是单一结构水平，还需要进一步发展。但是要评价学生其他方面的能力，则需要借助其他题目。

因此，可以说这样的分类方式属于诊断性的分类模式，这种测验，不仅可以告诉学生得了多少分，还可以使教师明白学生的哪些能力发展得好，哪些能力还存在问题，存在什么样的问题，以及应该怎样改进。这样就有利于教师根据评价反馈的结果调整自己的教学，学生根据评价的结果调整自己的学习。

4. 有利于充分发挥不同类型试题的功能

SOLO分类理论认为，评价应该更多地关注学生在回答问题时表现出来的思维结构，而不是学生在答题时使用的语言本身。根据这一观点，我们可以按照学生思维结构的不同水平制定主观题的评分标准、客观题的不同选项，根据学生相应的表现区分他们实际思维结构的复杂程度。从而使主观性试题的评分标准相对独立于知识点之外，减轻主观题的评分者效应；使客观性选择题不仅可以区分学生的对与错，还可以区分学生的思维水平，有效地测查其高水平的思维能力，充分发挥不同测验题型的功能。

（三）对SOLO分类理论的反思

1. 评价低层次的能力效果差

跟布卢姆教育目标评价系统相反的是，SOLO分类理论评价学生高层次的能力效果较好，但是评价低层次的能力效果较差。如要求学生记忆的

内容，谈不上学生处于单一结构或者多元结构水平，这时该系统并不能发挥它的优势。

2. 有了学生的答案之后，才能对学生的表现进行评价

由于 SOLO 分类理论评价的对象不是学生，而是学生在具体题目上的表现，因此，这就限定了一定要在有了学生的答案之后，才能确定这个答案是处于哪个认知水平上的。教师在没有看到学生的答案之前，并不能事先定好评分要求。正因如此，在基于 SOLO 分类理论编制客观性试题时，必须以学生对相应测验内容的口语报告结果为基础。

3. 缺乏对试卷整体的考虑

由于 SOLO 分类理论关注学生在一个具体问题上的反应，并且只有在学生做出反应之后才能利用 SOLO 分类理论对反应进行分析，因此当它应用于整份试卷的评价时，它只能分析学生在每道题目上的表现，却难以对考查内容进行全面考虑。SOLO 分类理论对于整份试卷中考查点的设置作用不大。

总之，布卢姆教育目标分类理论与 SOLO 分类理论各有其优点和缺点，如布卢姆理论适合评价能力水平比较低的内容，对一张试卷的整体考虑是有帮助的，而 SOLO 分类理论适合评价能力水平比较高的内容，对于挖掘各类试题的功能是有帮助的等。在小学语文学业水平评价开发过程中，它们都具有积极的意义。

小链接

SOLO 分类理论对写作水平的描述

前结构水平：作品不连贯一致，随意使用单词，一系列不相关的、闪现的感想，作品是以自我为中心的，没有考虑读者。

单一结构水平：直线型写作（通常按时间顺序），沿着开头—中间—结尾的单一线索展开，其他特征（单词或句法）很少，不能用于增强效果，内容高度具体、简单。

多元结构水平：能恰当使用拼写、标点、句法，有明显的故事线索，但是孤立使用每种技法，作品是常规的、平淡的、没有想象力的，表达的感想是老套的。

关联结构水平：熟练掌握了写作的技能要素，并且有选择地精心策划成为一个适合写作目的的整体，考虑了读者视角，然而内容仍局限于具体

的情境。

拓展结构水平：有两个额外的特征，一是从不同层面对意义进行认知，超过了既定的情境；二是创造性地使用技能来表达多重意思（隐喻）。

延伸探索与思考

①对基于课程标准的学业评价来说，用教材中的课文考查学生的阅读理解能力是否合适？

②布卢姆教育目标分类理论和 SOLO 分类理论有哪些相同点和不同点？

第四章　小学语文学业评价框架设计

评价框架体现的是学科专家对于学生学科学习结果的认识，是对本学科学生学习结果的抽象化、模型化的认知。《义务教育语文课程标准（2022年版）》明确指出："语文课程致力于全体学生核心素养的形成与发展。"[1]可见，小学语文学科学习的最终目的是提升学生的核心素养。如何认识核心素养的内涵？从哪些角度对核心素养进行评价更为客观可行？本章将从认识核心素养、确定小学语文学业评价框架、编制测验细目表三方面展开讨论。

第一节　认识核心素养

在中国文化语境中，"素"的本义是本色未染的生丝，后引申为基本的意思。"养"是供养和抚育的意思，后来表示长期的教育和训练。在日常生活中，素养是一个普遍概念，指人的基本修养，是人通过长期教育训练和自我修习所形成的能力和品质，可以广泛使用于各种场合。[2]

近年来，素养逐渐成为一个被教育领域普遍关注的学术概念，这是对 21 世纪社会发展的需要的回应。随着信息化社会的不断发展，人类的知识总量以爆炸式增长，不同文化之间的交往日益频繁，越来越多重复性的常规工作被计算机取代。社会的发展带来了对人才要求的变化。人们不仅要继承和掌握前人的已有经验，而且要具有更强的创造性，能在更复杂的条件下、更复杂的文化背景下综合利用各种心智力量创造性地解决问题。为此，教育的价值追求也发生了变化，从培养人

---

[1] 中华人民共和国教育部：《义务教育语文课程标准（2022年版）》，1页，北京，北京师范大学出版社，2022。

[2] 王云峰：《试析语文学科核心素养》，载《语文建设》，2018(2)。

类社会知识经验的继承者，转变为培养能应对复杂问题的知识运用者和创造者。

同时，随着哲学、心理学、学习科学等领域研究的不断进步，人们对学习本质的认识也发生了根本性的变化。人们将学习看作一种社会对话与协商活动。在学习活动中，学习者总是基于一定的意向性与所处情境中的各要素（客观世界、他人、自身）展开互动。知识就是个体通过与情境中各要素的互动而逐步达成的一致、稳定的解释。从这个意义上说，所有学习都是处于一定情境之中的对话与协商活动。所有知识都是处在情境中，并在活动中得到进步与发展的。[1]知识不能通过复制、迁移而获得，必须在情境中，通过主体主动参与活动被掌握。因此，学校教育必须重视学生的学习活动，要从关注认识的结果转变为关注知识建构与生成的过程，要培养学生与情境中各要素进行对话、协商的能力，提高学生的学习力，使学生获得和掌握知识，提升素养。

在社会发展和科学进步的共同推动下，培养掌握社会发展需要的各种素养成为教育的主要目标。经济合作与发展组织的"素养的界定与遴选：理论和概念基础"项目作为本轮素养研究热潮的源头，采用"competence"来表达素养的概念。它的拉丁词根为"cumpetere"，其中，"cum"表示聚合（together，with）的意思，"petere"指的是追求、奋力向前（to seek，drive forward）的意思。这个词指的就是聚合各种能力或力量，奋力向前、努力追求。之后，这个词又进一步被用来表示人恰当应对情境的各种能力或力量。[2]

随后，不同国际组织、国家、研究者纷纷对素养展开了深入研究，指向素养的教与学成为课程改革中的主基调。2016年9月，"中国学生发展核心素养"总体框架正式发布。中国学生发展核心素养以培养"全面发展的人"为核心，从文化基础、自主发展、社会参与三个方面提出了人文底蕴、科学精神、学会学习、健康生活、责任担当、实践创新六大素养。各素养之间相互联系、相互补充、相互促进，在不同情境中整体发挥作用。

---

[1] 王文静：《情境认知与学习理论研究述评》，载《全球教育展望》，2002(1)。
[2] William E. Doll, "Developing Competence," in Donna Trueit, *Pragmatism, Post-Modernism, and Complexity Theory*, New York, Routledge, 2012, pp. 67-76.

一、核心素养的内涵

《义务教育语文课程标准（2022年版）》指出："核心素养是学生通过课程学习逐步形成的正确价值观、必备品格和关键能力，是课程育人价值的集中体现。义务教育语文课程培养的核心素养，是学生在积极的语文实践活动中积累、建构并在真实的语言运用情境中表现出来的，是文化自信和语言运用、思维能力、审美创造的综合体现。"[①]

语文的学习是一个连续的过程，语文素养的养成也是一个知识、能力、情感、态度等不断积蓄、统整的过程。同时，小学生在学习需要、认知特点、能力状况等方面均具有特殊性。根据小学生的学习特点，可以把核心素养的四个方面细化：将"文化自信"细化为积累与传承、阅读经典；将"语言运用"细化为积累与整合、语境与交流；将"思维能力"细化为联想与想象、分析与判断、探究与发现；将"审美创造"细化为体验与感悟、理解与鉴赏。[②]

（一）文化自信

语言文字是人类最重要的交际工具和信息载体，是人类文化的重要组成部分。语文课程对继承和弘扬中华民族优秀文化传统和革命传统、增强民族文化认同感、增强民族凝聚力和创造力，具有不可替代的优势。在语文课程中，学生接触到的古今中外的语言文学作品，不仅是学习语言的材料，还是具体而丰富的文化产品。义务教育阶段的语文课程，应使学生初步学会运用祖国语言文字进行交流沟通，热爱自己祖国的语言；学会主动选择和继承中华优秀传统文化，包容和借鉴不同民族、不同区域的文化，积极地关注和参与当代文化传播与交流，提高自己的文化自信和自觉。文化自信包括积累与传承、经典阅读两方面内容（如表4-1所示）。

表4-1 文化自信的具体内容

积累与传承	学会主动选择和继承中华优秀传统文化，能积累词语、成语、歇后语、名言警句等语言材料，能积累优秀诗文，提高思想文化修养，促进自身精神成长
经典阅读	能阅读古今中外经典文学作品，热爱自己祖国的语言，提高自己的文化自信和自觉

---

① 中华人民共和国教育部：《义务教育语文课程标准（2022年版）》，4页，北京，北京师范大学出版社，2022。

② 李英杰等：《基于学生发展核心素养的学业标准：小学语文》，3~4页，北京，北京师范大学出版社，2020。

（二）语言运用

语言运用是指学生在丰富的语言实践中，通过主动积累、梳理和整合，初步具有良好语感；了解国家通用语言文字的特点和运用规律，形成个体的语言经验；具有正确、规范运用语言文字的意识和能力，能在具体语言情境中有效交流沟通；感受语言文字的丰富内涵，对国家通用语言文字具有深厚感情。语言运用包括积累与整合、语境与交流两方面内容（如表4-2所示）。

表4-2 语言运用的具体内容

积累与整合	能积累较为丰富的语言材料和语言活动经验，具有良好的语感；能在已经积累的语言材料间建立起有机的联系，能将自己获得的语言材料整合成有结构的系统，如能正确识记、书写常用汉字，以掌握朗读、默读等阅读方式积累习作素材
语境与交流	能依据具体的语言情境有效地运用口头和书面语言与不同的对象交流沟通，能将具体的语言作品置于特定的交际情境和历史文化情境中理解、分析和评价；能通过梳理和整合，将自己获得的语言活动经验逐渐转化为富有个性的、具体的语文学习方法和策略，并能在语言实践中自觉地运用，如具有口头表达和书面表达能力

（三）思维能力

语言是思维的工具，直接显示思想。语言的发展与思维的发展相互依存，相辅相成。教师在指导学生学习语文的过程中，要注重激发学生的好奇心、求知欲，培养学生的想象力。教师要鼓励学生综合运用多种思维方式，获得对语言和文学形象的直觉体验，运用联想和想象丰富自己的感受与理解，通过观察、分析、归纳、推理、批判等形成自己对现实生活和历史文化的认识，有效地与人交流、沟通，语言表达要准确、生动、清晰、有较强的逻辑性。同时，学生要积极学习语言文字，发展思维的深刻性、灵活性、敏捷性、批判性和独创性，提升自己的思维品质；提高发现、分析和解决问题的能力，提高语文综合应用能力。思维能力包括联想与想象、分析与判断、探究与发现三方面内容（如表4-3所示）。

表4-3 思维能力的具体内容

联想与想象	通过联想与想象，获得对语言和文学形象的直觉体验，丰富自己的感受与理解，提升自己的思维品质
分析与判断	通过观察、分析、归纳、推理、批判等获得对语言和文学形象的认识，形成对现实生活和历史文化的认识；能够有效地与人交流沟通，使自己的语言表达准确、生动、清晰、有较强的逻辑性
探究与发现	激发好奇心、求知欲，有主动探究的意识，提高发现问题、解决问题的能力，提高语文综合应用能力

（四）审美创造

审美创造是指学生在语文活动中体验、欣赏、评价、表现和创造美的能力及品质。语文活动是学生形成审美体验、发展审美能力的重要途径。在语文学习中，学生可通过阅读鉴赏优秀作品、品味语言艺术来体验丰富的情感、激发审美想象力、感受思想的魅力、领悟人生哲理，并逐渐学会运用口头和书面语言表现美和创造美，具有自觉的审美意识和审美能力，形成高雅的审美情趣和高尚的品位。因此，审美创造是学生的核心素养的重要组成部分，也是其语文素养形成和发展的重要表征之一。审美创造包括体验与感悟、理解与鉴赏两方面内容（如表4-4所示）。

表4-4 审美创造的具体内容

体验与感悟	具有在语文活动中体验语言文字、作品所蕴含的美的能力。在阅读过程中，掌握整体感知、获取信息、形成解释等能力
理解与鉴赏	在语文活动中，具有欣赏、评价学习材料中所蕴含美的能力，具有阅读鉴赏优秀作品的能力，具有做出评价的能力

二、核心素养的发展

语文课程培养的核心素养的形成过程，是人不断地修习语言的过程，是与人的语言实践过程相一致的过程，是人的语言经验的终身发展过程。核心素养高的人总是在较为丰富的语言实践活动中不断积累，并不断地组织、优化着自己的语言经验结构。教师若将学生每一次积极主动的语言实践活动联系在一起，就会构成核心素养不断巩固、螺旋提升的发展过程。这个过程就像是滚雪球：经验从少到多，经验结构从简单到复杂。学生在这个过程中可逐步从新手成长为专家。

以学生早期的阅读素养发展为例。阅读素养在学生早期识字阶段就已经萌芽。识字活动不是阅读，但是为阅读打下了重要的基础。通过识字，学生解决了阅读过程中最基础的符号识别问题。同时，字词反映的是人们对世界的认识。学生通过识字，学习了基本的概念，形成了一些非常简单的文化理解，掌握了一些初步的认知方法。这些就是学生为阅读素养发展积累的最初始的经验（对象经验、情感态度经验和认知经验）。如学生通过学习"叔叔"一词，不仅掌握了一个概念，而且理解了中华文化中的一种亲属关系，形成了对汉字和语言的积极的情感体验。从这个意义上说，阅读素养从识字阶段就已经有了最基本的萌芽特征。

随着学生识字量的增加,他们开始将字与字、词与词联系起来,这就开始了早期的阅读活动。在这一时期的阅读活动中,学生虽然还没有形成自觉认识对象的经验体系,不能有效识别文本的情境特征,但是接触了不同的文本类型,进行了一些认知加工,如对文本直接陈述信息的提取和表层理解等。他们以不自觉的方式积累了认知经验,获得了情感体验,丰富了对象经验,并形成了初步的经验结构体系,阅读素养有了初步的发展。

阅读素养会在学生每一次积极主动的阅读实践活动中获得螺旋式的发展。每次进行阅读活动时,学生都要调用各种心智力量完成意义的建构,都要根据阅读情境的实际需要不断强化、改组、重构其经验体系。在这个过程中,学生的认知经验、情感态度经验和对象经验不断丰富,结构化程度不断提高。面对多样、复杂的阅读情境,学生能够越来越灵活地调用其各种心智力量,有效解决阅读情境中的各种问题,完成意义的建构、思维的发展、审美的提高和文化的传承。学生从一个新手逐步成长为一个专家型阅读者后,能够自动地、顺畅地提取与阅读情境相适应的各项心智力量,完成意义建构。

核心素养的发展是一个持续的过程。只要语言实践活动存在,素养的发展就不会终止。

三、核心素养的评价

核心素养的形成和发展过程决定了核心素养的评价必须遵循如下原则。

(一)在真实的语言运用情境中展开

核心素养表现在有意义的情境脉络中,必须通过情境中主体的行为活动展现出来。素养不是一种静止的存在状态,而是表现在具体情境中的综合能力和品质。一个常见的例子是,判断一个人交际素养的高低,必须在具体的交际活动中完成。离开了交际情境,就无法判断主体的交际素养。

核心素养也是在具体的语言实践情境中形成和发展的。情境系统中的每个要素(认识对象、文化、语言)都参与主体的认知互动,对主体的认知过程产生影响,并共同构成了认知过程本身。只有在具体的活动情境中,通过与活动系统中各个要素进行主动协商与互动,素养才能形成和发展。抽离了具体情境的学习，虽然可以增加抽象知识的数量，也可以提高某种行为技能的熟练度，但是难以形成和发展素养。同时，素养一经形成，就具有了超越原有情境的性质，可以在不同的情境中灵活地迁移运用。

由此，核心素养的评价只有在真实的语言运用情境中展开，才能真实反映学生核心素养的发展水平。

（二）关注学生对学科知识的综合调用能力

素养离不开知识。必备的知识是核心素养形成的基础，但知识的累积不一定能带来素养的发展。将知识作为客观真理或固定事实进行机械性记忆和传递，只能培养具有丰富知识的人，却不能培养具有较高素养的人，更不能培养具有创新能力的人。可以说，判断素养水平高低的标准是学生能否有效运用知识而非能否掌握相关知识。知识只有与主体在情境中的探究和实践相结合，并成为主体面对具体情境时可调用的有效工具时，才有可能促进主体素养的形成和发展。

因此，在对核心素养进行评价时，不要简单地复现知识或重复地考查技能，要关注学生对学科知识的综合调用、有效解决情境任务的能力。同时，要把分析问题的视点集中在语言活动的过程性因素上，抓住语文素养形成过程这一维度，用形成核心素养的最基本和最关键的语言活动来揭示其基本结构。

（三）关注学生思维的发展状况

复杂情境与高阶思维，是核心素养的两个关键词。特别是语文学科，思维品质的提升与发展本身就是其核心素养的重要组成部分之一。"如果说复杂情境是学科核心素养的'场域'，高阶思维则是学科核心素养在这个场域的'机制'和'结晶'。"[1]核心素养是学生灵活完成真实任务、应对复杂情境的综合能力。只有低阶思维能力的学生，很难自如解决真实情境中出现的各种复杂问题。

因此，指向核心素养的评价，必然要从低阶思维走向对高阶思维能力的关注。要追求基于复杂问题解决的反映高阶认知的情境任务、测验题目，努力避免只体现机械训练、反复操练等低阶认知的题目。

---

[1] 杨九诠：《学科核心素养与高阶思维》，载《教师教育论坛》，2017(10)。

小链接

从国际学业评价研究看,对小学语文学科学业评价具有直接启发意义的当数对阅读素养的评价。PIRLS、PISA、NAEP 对阅读素养的界定如下。

PIRLS 对阅读素养的界定

PIRLS 最早将阅读素养界定为理解和运用社会需要的或个人认为有价值的书面语言形式的能力,年轻的阅读者能够从各种文章中建构意义,他们通过阅读来进行学习、参与阅读社群并享受阅读乐趣。2006 年,PIRLS 对阅读素养的界定进行了修订,将最后一句改为"他们通过阅读来进行学习,参与学校中和日常生活中的阅读者群体并享受阅读的乐趣",以突出阅读在学校和日常生活中的重要性。此后,这个定义一直沿用到现在,成为 PIRLS 对阅读素养的整体认识。

从这个定义中我们可以很容易地看出,PIRLS 对于阅读的认识强调阅读是由于人的需要产生的,强调意义的建构,强调阅读的作用是学习、生活和娱乐。在 PIRLS 的阅读评价中,阅读素养已经不再被局限于学科范围内,单纯地作为一种特定的学科能力,而是将阅读与生活相联系,将阅读融入现实生活中。这一精神具体体现为将阅读与真实的情境相联系、与阅读活动的特定目的相联系。

PISA 对阅读素养的界定

PISA 最早将阅读素养界定为学生为实现个人目标,增长知识,发展潜能,有效地参与社会生活,而理解、运用和反思书面文本的能力。随后,在每个重点测查阅读的年度 PISA 都会修订其对阅读素养的界定。2006 年,PISA 在其对阅读素养的界定中增加了参与阅读文本的要求,提出阅读素养是学生为实现个人目标、增长知识、发展潜能、有效地参与社会生活,进而理解、运用、反思和参与文本的能力。2018 年,PISA 修订了对阅读素养的界定,增加了评价的要求:阅读素养指为了实现个人目标、增长知识、发展潜能、有效地参与社会生活,而能对文本进行理解、运用、评价、反思和参与的一种能力素养。突出评价这一术语,充分体现了 PISA 2018 对阅读认知理论所强调的互动性和建构性阅读理解本质的深入认识。

NAEP 对阅读素养的界定

NAEP 认为阅读是年轻人一生中都能习得和提高的最重要的技巧之

一。阅读能力的目标是发展好的读者，即读者应该能够流利阅读并聚焦于读物的意义，形成对读物的理解并且对读物的意义进行扩展、描述并做出批判性的判断，运用不同的策略来帮助理解、计划、处理、检查读物的意义，运用所知来理解读物，根据不同的目的阅读不同的文本，形成积极的阅读习惯和态度。

第二节　确定小学语文学业评价框架

　　考试和评价的最终目的是收集学生学习变化的信息，了解学生学习的状况，以促进教育目标的全面达成，促进学生的发展。但是，传统的语文测验往往是命题者根据自己长期的经验设计的。对于为什么要出三道字音题、两道阅读题，在某一个阅读文段中为什么要在某个考点命题……命题者都没有清晰的设计。这样的评价无异于"盲人摸象"，直接降低了评价的信度和效度。为了避免这种命题随意性强的缺点，开发一份高质量的试卷，首先需要考虑的就是建立一个科学合理的评价框架。

　　一般来说，学业评价框架的开发思路是在理解核心素养内涵特征的基础上，对学科课程标准进行细化分解，提取其中最关键的认知动作和学科内容。在这个过程中，还要借鉴国内外有关学科能力发展与相关测验研究的成果，吸收我国学生学科能力发展水平和阶段特征的研究成果（如图 4-1 所示）。下面，对如何确定小学语文学业评价框架进行细致说明。

一、提炼关键内容作为评价框架

　　课程标准是国家管理和评价课程的纲领性文件，体现了国家对不同阶段学生在学科学习各方面的基本要求。语文学科学业评价也应该以《义务教育语文课程标准（2022 年版）》为依据，提炼其中最为关键的语文学习内容和学习要求，并将它细化，建立一个详细的基于学生不同发展阶段语言行为特征描述的学习标准。它具有整体性和上位文件的特征，在具体的操作性方面还有待进一步细化。我们可以从内容角度提炼语文学习中最关键的学习内容作为评价框架（如图 4-1 所示）。

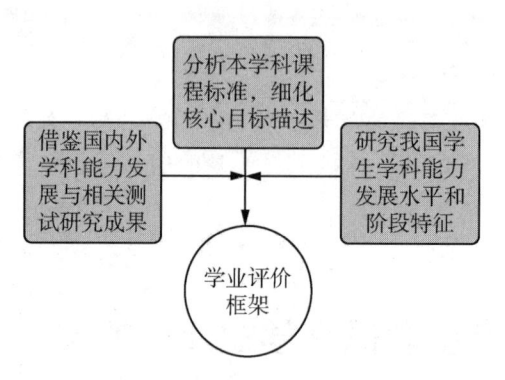

图 4-1　学业评价框架的开发思路

首先，从课程标准对课程总目标的描述中提取一级框架。

《义务教育语文课程标准（2022年版）》从文化自信、语言运用、思维能力、审美创造四方面描述了核心素养的内涵，并将学生的语文实践活动分为识字与写字、阅读与鉴赏、表达与交流、梳理与探究四类。这些内容都应该在语文学业评价中得以体现。

对于纸笔测验形式来说，还需要进一步聚焦能够通过纸笔测验形式反映的那些内容。结合课程标准对课程总目标的描述，其中可以转化为评价内容的要求有如下四条：

认识和书写常用汉字，学会汉语拼音，能说普通话。主动积累、梳理基本的语言材料和语言经验，逐步形成良好的语感，初步领悟语言文字运用规律。学会使用常用的语文工具书，运用多种媒介学习语文，初步掌握基本的语文学习方法，养成良好的学习习惯。

学会运用多种阅读方法，具有独立阅读能力。能阅读日常的书报杂志，初步鉴赏文学作品，能借助工具书阅读浅易文言文。学会倾听与表达，初步学会用口头语言文明地进行人际沟通和社会交往。能根据需要，用书面语言具体明确、文从字顺地表达自己的见闻、体验和想法。

积极观察、感知生活，发展联想和想象，激发创造潜能，丰富语言经验，培养语言直觉，提高语言表现力和创造力，提高形象思维能力。

乐于探索，勤于思考，初步掌握比较、分析、概括、推理等思维方法，辩证地思考问题，有理有据、负责任地表达自己的观点，养成实事求是、崇尚真知的态度。[1]

综合考虑《义务教育语文课程标准（2022年版）》的"前言"和"总目标"两部分的内容，可以提炼出语文学业评价的基本框架，或者说一级框架：识字与写字能力、阅读能力、写作能力、口语交际能力、语文积累水平。

其中，识字与写字能力及语文积累水平可以合并。因为学生对古代诗文的识记、理解和简单应用，以及在课外阅读活动中对推荐读物的了解水平（对情节、人物等主要信息的识记水平）也能够反映学生语文积累的水平；学生在识字、理解运用词语上的相关表现，也能够反映学生语文积累水平。因此，可以将这两项合并为"积累与运用"。口语交际能力是不能完全通过纸笔测验的形式考查的。最终就可以确定一级框架为：积累与运用、阅读、习作。

其次，基于课程阶段目标与评价提取二级框架。

《义务教育语文课程标准（2022年版）》的每个学段的具体目标中比较具体地描述了对学生在不同学习内容上的学习要求，我们可对这些内容进行提炼概括，将之作为语文学科学业评价的二级框架。

如《义务教育语文课程标准（2022年版）》对第二学段的学生识字与写字的相关要求如下：

对学习汉字有浓厚的兴趣，养成主动识字的习惯。累计认识常用汉字2500个左右，其中1600个左右会写。有初步的独立识字能力。能用音序检字法和部首检字法查字典、词典。

写字姿势正确，养成良好的书写习惯。能用硬笔熟练地书写正楷字，做到规范、端正、整洁。用毛笔临摹正楷字帖，感受汉字的书写特点和形体美。

能感知常用汉字形、音、义之间的联系，初步建立汉字与生活中事物、行为的联系，初步感受汉字的文化内涵。[2]

对识字与写字的上述目标进行分析，我可以发现该目标主要是从四个方面提出了要求：养成兴趣与习惯、积累汉字（包括识字与写字）、独立识字、理解汉字文化。其中，识字可以描述为读准字音、认清字形、理解字

---

[1] 中华人民共和国教育部：《义务教育语文课程标准（2022年版）》，6页，北京，北京师范大学出版社，2022。

[2] 中华人民共和国教育部：《义务教育语文课程标准（2022年版）》，9页，北京，北京师范大学出版社，2022。

义；写字可以描述为正确、规范、端正、整洁。

最后，分析能力发展的影响因素确定三级框架。

一般来说，评价框架设计得越细致，诊断反馈的结果就越具体，同时，也会在一定程度上限制评价内容覆盖的范围。根据学业评价诊断需求的不同，可以设计三级框架甚至是四级框架。三级框架一般反映的是影响二级框架中各个能力发展的相关因素。

以积累汉字为例，构成汉字的因素包括字音、字形和字义，因此，可以从读准字音、认清字形、理解字义三个方面衡量学生是否掌握了积累的汉字。具体到"读准字音"这一要求还可以进一步分析。汉字以义为核心，形意联系紧密；音相对独立，可变性高，受时代、地域的影响较大，由声母、韵母、声调构成。影响学生读准字音的因素有：读音具有时代性、地域性等（受方言的影响），汉字有四声和声调，误读多音字、形近字（形音义关系中的意义中心问题），习惯性误读等。因此，教师就可以从多音字、读音相近的字、常被误读的字、受方言影响的字几方面来考查学生读准字音的能力，设计"读准字音"的评价框架（如表 4-5 所示）。

表 4-5　"读准字音"的评价框架

二级框架	三级框架	四级框架	测验点（举例）	认知水平
积累汉字	读准字音	能纠正地方音	声母：zh、ch、sh、z、c、s……	识记
			韵母：o、e、i、ü……	识记
		能读准多音字	如"参考""人参""参差"	识记
		能分辨常被误读的字	如"纤维""膝盖""机械"	识记
		能读准读音相近的字	如"山冈""山岗"	识记

二、提取素养特征作为评价框架

素养是人在特定情境中调用的关键能力和必备品格。核心素养表现在有意义的情境脉络中，只有把对主体综合调用知识的能力、解决问题的能力的考查内容放在情境中，才能加以评价。由此，教师可以提取影响核心素养的几个关键因素设计评价框架。

以阅读素养为例，积极吸纳国外相关评价项目的研究成果，可以帮助我们建构阅读素养评价框架。PISA 评价项目提出，阅读不是在真空状态下进行的，它总是被目标驱动的。①明确的阅读目标能驱动学生阅读，影响学生对文本的选择，影响学生决定是否结束当前文本，重新开始另一篇文本的阅读以及对多重文本信息进行对比和整合。在具体阅读目标的推动下，学生能否准确理解阅读要求，能否根据阅读目标检测阅读策略、调整阅读进度，是评估其阅读素养高低的一个重要指标。②同时，NAEP、PIRLS 两个国际评价项目也关注了阅读目的与情境对阅读素养形成过程中的重要作用。三个国际评价项目都从学生实际生活中可能遇到的阅读活动类型出发，设计了阅读目的与情境这一评价维度(如表 4-6 所示)。

表 4-6　三个国际评价项目关于阅读目的与情境维度的设计

国际评价项目	目的与情境维度			
PIRLS	个人兴趣或娱乐	参与社会活动	学习	
PISA	个人的	公共的	职业的	教育的
NAEP	获取文学体验	获取信息	完成任务	

另外，在面对具体的阅读情境时，学生会展开一系列的认知加工工作，以有效地建构意义、完成特定任务。从三个国际评价项目对阅读认知与理解水平的考查结构看，它们对反映阅读认知与理解水平的关键要素的认识基本是一致的，都包括了对信息的定位与检索、对文本的解释与推论、对文本的整体感知、对内容或者结构的反思与评价。不过由于阅读认知过程本身就是一个复杂推进的过程，三个国际评价项目在具体的划分方式上还略有区别（如表 4-7 所示）。

表 4-7　三个国际评价项目关于阅读认知与理解维度的设计

国际评价项目	认知与理解维度			
PIRLS	关注并提取明确陈述的信息	解释并整合观点和信息	进行直接推论	检视并评价文本特征
PISA 2018	信息定位（访问和检索，搜索和选择）	推论性理解（形成整体理解，整合和推论）	反思与评价（反思内容和形式，评价质量和信度，发现和处理冲突内容）	

---

① Rand Reading Study Group, *Reading for Understanding*: *Toward an RAND Program in Reading Comprehension*, Santa Monica, CA: RAND Corporation, 2002, p. 15.
② 王晓诚：《PISA 2018 阅读素养评估的特征解读》，载《首都师范大学学报(社会科学版)》，2019(3)。

续表

国际评价项目	认知与理解维度			
NAEP	整体感知	发展理解力	建立读者与文本之间的联系	检视内容与结构

吸纳这些研究的经验,可以为我们从素养角度拟订语文学科评价框架提供借鉴。

第一,从不同的目的任务出发,设置语言情境。

我们可以将阅读情境设置为三类:为了获取信息而阅读、为了获得文学体验而阅读、为了完成任务而阅读。为了获取信息而进行的阅读,关注的是学生通过阅读各类文本获取信息,增广见闻,丰富自己的知识,扩展对世界的了解和认识。为了获得文学体验而进行的阅读,关注的是学生通过文学性文本的阅读,对作品中的形象、情感、语言的感受与体验、理解与评价。为了完成任务而进行的阅读,关注的是学生能运用从文本中所获得的相关信息解决实际生活中的问题。

第二,在不同的测验情境中,考查学生的关键认知动作。

在具体的测验情境中,不是要考查学生复现知识内容的能力,而是要考查学生从认知加工的角度,提取影响语言实践活动有效完成的最关键的认知动作。如阅读活动可以在三种测验情境中重点考查四种基本阅读认知能力:从文本中提取信息的能力、对文本内容整体感知或初步概括的能力、利用文本信息和个人经验对相关问题做出合理解释和推论的能力、对文本的内容或表达做出合理评价或利用文本的相关信息解决问题的能力(如表 4-8 所示)。

这是因为在阅读活动展开过程中,提取信息是基础。提取信息的难易程度与信息的多寡、显隐程度等因素有关。只有在提取信息的基础上,学生才能进一步形成对文本信息的整合或者多重关联的能力。如果是对信息进行初步概括,也就是整体感知,包括表层的感知和深层的感知。其中,能够整体感知文章的大概内容,初步感受文章所表达的思想感情,这是对文本表层意义的理解;能够分清主要观点和次要细节,能够理解文章各部分相互间的关系、厘清文章的思路,能够体会作者的态度和观点,这是对文本深层意义的领会。如果对信息进行多重关联,就会形成解释能力。解释能力主要体现在以下几个方面:能将文章的内容与自己的生活建立联系;能根据文本的具体内容和已有经验对文章中的形象、情感、观点、态度等做出解释，并能够运用文章中的信息，支持自己的观点；能结合具体语境解释重要词语的意思和作用。学生在阅读后还会客观地审视阅读的内容，形成自己的观点，也就是做出评价。具体指的是能够以自己的价值观为基础，对文章中的事件、形象、情感等有自己的看法；能对作者的观点、文章的意义和价值等做出评价和判断；能对文章的形式（结构、语言、表达方式、写法等）有自己的观点。

表 4-8　阅读认知与理解维度的评价框架

二级框架	三级框架	四级框架
阅读	提取信息	提取单个信息
		提取多个信息
		提取隐含信息
	整体感知	理解表层意义
		领会深层意义
	形成解释	对复杂事件的解释
		对具体词语的解释
	做出评价	对内容的评价
		对形式的评价

三、整合素养与内容作为评价框架

除了前面提到的两种拟订评价框架的思路，我们也可以将对素养的认识和学科关键内容进行整合，从而拟订评价框架（如表 4-9 所示）。

表 4-9　阅读评价框架

三级框架	阅读积累		阅读理解			阅读运用		阅读思维		
四级框架	整本书阅读	经典阅读	提取信息	整体感知	形成解释	做出评价	发展语言	解决问题	联想与想象	分析与判断	探究与发现

下面介绍四种评价框架。

（一）PIRLS 的评价框架

近年来，PIRLS 关于阅读素养评价的核心理念和整体框架基本保持不变。2016 年，PIRLS 从理解过程、阅读目的、阅读行为和态度三方面对阅读素养进行评价（如图 4-2 所示）。

其中，理解过程体现了读者以不同的认知形式建构意义、获得对文本理解的过程。具体包括四个理解过程：关注并提取明确陈述的信息、进行直接推论、解释并整合观点和信息、检视并评价文本特征。

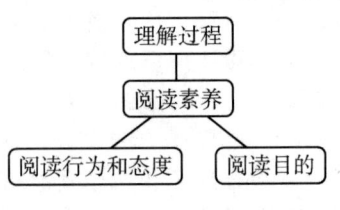

图 4-2　PIRLS 的评价框架

"关注并提取明确陈述的信息"指的是在阅读过程中，学生会不断地转变对文本中具体陈述的信息的注意力，会特别注意文本中的一些信息。如学生可能会关注那些能确认或否认他们对文本意义的预期、与他们的阅读目的相关的信息。另外，学生为了解决他们在阅读过程中遇到的问题、检查他们对文本意义的理解，常常需要提取出文本中直接陈述的信息。属于"关注并提取明确陈述的信息"的问题包括：与具体阅读目的相关的信息、具体的概念、词或短语的定义、故事的情境（如时间与地点等）、已经清楚表述的主题句或主题。

"进行直接推论"指的是当学生从文本中建构意义时，他们要对文中没有直接陈述的信息和观点做出推论。"做出推论"要求学生深入文本的内部填补文本意义上的"空白"。其中的一些推论是基于文本中包含的简单信息的：学生只需要在观点或者信息之间建立联系。虽然文中的观点可能是明确陈述的，但是它们之间的联系却不是，因此学生必须做出推论。直接推论是基于文本的。虽然这些推论没有在文本中直接陈述，但是意义是相对明确的。属于这一类的问题有：推论出一件事是另一件事的原因、总结出争论的主要焦点、确定代词的指代对象、描述两个人物的关系等。

"解释并整合观点和信息"指的是依赖自身对世界的理解及自身的背景知识和经验，将个人的知识经验与文本意义结合，以获得对文章更好的理解。在对文本做出了许多直接推论的基础上，学生在这个阶段可能会关注部分或者全部的信息，也可能会将细节与总的主题、观点建立联系。在很多情况下，学生已经不仅仅是在词语或者句子水平上处理文本了。学生在解释和整合文中的观点和信息时，常常需要利用他们对于整个世界的理解。他们不仅要将文本固有的内容进行联系，还要基于其自身的观点进行一些解释。当他们解释和整合文本信息、观点时，可能需要更多地利用背景知识和经验，而不仅仅是进行直接推论。因此，通过解释、整合观点和信息而建构出的意义很可能由于读者经验和背景的不同而有所不同。属于这个领域的问题包括：分辨文本传达的主要信息或者主题、考虑人物的行为、比较文本的信息、推论故事的基调和气氛、解释文本信息的应用性等。

"检视并评价文本特征"指的是当学生检视并评价文本的内容、语言和构成要素时，关注的焦点从建构意义转变为评价文本本身。在内容方面，学生会利用他们的解释方式权衡他们对文本的理解与对世界的理解不相符的部分——拒绝、接受或者对文本中的观点保持中立。例如，学生可能会反驳或者确认文中的观点，也可能会与其他资料中的信息和观点进行比较。在文本构成要素方面，如结构、语言等，学生会检视信息是如何被呈现的。在这个过程中，他们要利用有关文本类型和结构的知识，以及其对语言表达的理解。他们也可能会评价作者意义的传达是否充分，质疑作者的目的、观点或者技能等。属于"检视并评价文本特征"的问题包括：对所描述事件实际发生的可能性进行评价、确定作者在主题上的观点、描述性形容词的选择如何影响含义等。①

阅读目的主要有三种：娱乐、参与社会活动和学习。对于年轻读者而言，他们会为了娱乐和学习而阅读。由此，PIRLS 将阅读素养评价聚焦在为了文学体验而阅读和为了获取并使用信息而阅读两种阅读目的上。

理解过程和阅读目的是 PIRLS 阅读素养评价的基础，主要指向从各种不同文本中建构意义的能力，以纸笔测验的方式进行。除此之外，PIRLS 认为阅读素养还包括有利于养成终身阅读习惯的行为和态度，这些行为和态度能够促使学生成为熟练的阅读者，帮助其实现自己的阅读目标。评价阅读行为和态度主要是通过学生问卷的形式来完成的。

当然，每一轮测验之后，PIRLS 都会对评价系统进行一次调整，以顺应时代发展的需求，更加准确地评估学生的阅读水平。这些调整主要包括 2011 年增加新的评价工具 pre PIRLS、2016 年增加新的评价工具 PIRLS Literacy，这两个新的评价工具在理念和框架上与 PIRLS 完全相同，主要是为了给较低阅读水平的学生提供系统测量其阅读素养水平的不同平台。为了适应信息技术和网络媒体发展的需要，PIRLS 在 2016 年还正式推出了基于电脑的在线阅读评价——e PIRLS，通过模拟的互联网

---

① 许明、王晞：《国际阅读素养进步研究述评》，载《外国教育研究》，2003(12)。

环境呈现给学生类似真实的学校学习情境，旨在评价学生使用网络媒体阅读的能力。

(二) PISA 的评价框架

PISA 在每一轮测验中都会对评价框架进行必要的修订和完善。但从总体框架上看，历次的 PISA 测验，都从认知过程、文本、情境目的三个维度对阅读素养进行测评。

PISA 重视阅读目的对阅读过程的影响，认为阅读并不是在真空环境中进行的，它总是为某种目标所驱动，以达成某种目的。目标的设定与实现不仅驱动着学生参与文本的决定、对文本的选择，还影响着他们退出某一特定文本的决定、重新参与到另一篇文本的阅读的决定以及对多重文本的信息进行对比和整合的决定。学生从阅读中所获得的信息在"质"和"量"上存在着差异——即便是阅读同一篇文本，带着任务去阅读的学生，与漫无目的地阅读的学生相比，所获取的信息在"质"和"量"的层面也有着明显的不同。PISA 历次发布的评价框架对情境目的描述始终保持一致，即把情境目的划分为个人的、公共的、职业的和教育的四种类型。

随着信息时代计算机、智能手机等数字媒介的发展，成功的阅读行为已不仅仅被定义为能够阅读并理解某一单篇文本，还要求学生能够有效利用复杂的信息处理策略，包括对多重文本中的相关信息进行分析、整合和解释等。PISA 2018 在阅读文本维度，既包含体裁（连续性文本、非连续性文本和混合文本）和类型（描述、叙事、说明、议论、指示等）这两个常规维度，又增加了资料、组织与导航两个维度，以着重强调多重文本阅读与导航的能力。其中，多重文本指的是主题相同或相似的文章，但由不同作者撰写或者在不同时间出版，通常文本之间的关系不明显或者比较松散，甚至是相悖的。组织与导航强调的是学生对多重文本的检索和整合能力。在数字化媒介中，人们为了从众多信息中找寻目标信息，通常需要先设定合适的路径并对信息进行检索和选择，这一能力也被称为导航能力——为了解决特定的阅读任务，学生要不停地穿梭于联系在一起的多个文本之间。

认知过程是指为达成阅读目标而采用的具体认知策略。这一内容在历次 PISA 测验中的变化比较大。在 PISA 2000 中，它被表述为五个方面，分别是信息定位、把握大意、推论性理解、对内容的反思与评价、对形式的反思与评价。

其中,"信息定位"要求学生把文章看成一个整体或以全面的观点来考虑。选择主要思想意味着要确定许多意思的层次并从中选出最一般的、最表面的那些。这种任务主要测查学生能否分清主要观点和次要细节,或者能否概括内容。

"把握大意"要求学生把问题中给定的信息与文章的表面或隐含的信息联系起来,而且运用这些去找到所要求的新信息。这就需要区分相似的信息,或者系统地浅释一些难以理解的信息。

"推论性理解"需要学生去拓展他们最初的印象,用逻辑的方法去加工信息以便能对所读的信息形成一种更具体、更完整的理解。用于评价这方面能力的任务包括比较和参照资料——综合文章中两个或更多的信息,对不同来源的信息之间的关系进行推论,确认和列出主要证据以便推理作者的意图。

"对内容的反思与评价"要求学生把从文章中得到的信息同用其他方式得来的信息联系起来。学生必须对文章中那些与他们自己对世界的认识相对立的知识、与从其他渠道得到的知识相对立的信息、在问题中明确提出的信息做出评价。在很多情况下,学生必须懂得怎样去证明自己的观点有理。典型的评价任务包括从其他文章中找出证据或理由、对特定的资料或证据的联系进行评价、对比道德上和美学上的标准、找到能够支持作者的观点、评价文章中的证据或信息是否充分。

"对形式的反思与评价"需要学生跳出文章,客观地思考、评价文章的质量和特性。文章的结构、体裁及语言范围等知识,在这些任务中起着重要的作用。学生需要发现语言中细微的差异,如要考虑到一个形容词可能会对文章内容的解释产生影响。评价任务包括:从文章的写作目的出发考虑文章的实用性,评价一个作者为达到某一写作目的而采用的某种特殊手法,确认或评价作者的写作风格、写作目的和写作态度。

在 PISA 2008 至 PISA 2015 中,阅读认知过程被调整、整合为三个方面,即访问和检索、整合和解释、反思和评价。其中,访问与检索对应 PISA 2000 框架中的信息定位,整合与解释对应把握大意和推论性理解,反思与评价对应对内容的反思与评价、对形式的反思与评价。

PISA 2018 阅读素养评价框架对认知过程进行了较大的调整。第一,对原有阅读认知过程的几个环节（或层次）进行了细化，尤其是提高了对反思与评价的要求：能反思内容与形式、能评价信息的质量与可信度、能发现并处理相冲突的内容。第二，首次在评价框架中加入了对阅读流畅性的评价，这是高层次阅读理解的前提保障。第三，进一步丰富了 2000 年就开始提及的元认知策略，将其统称为任务管理策略，与文本处理过程并举（如图 4-3 所示）。

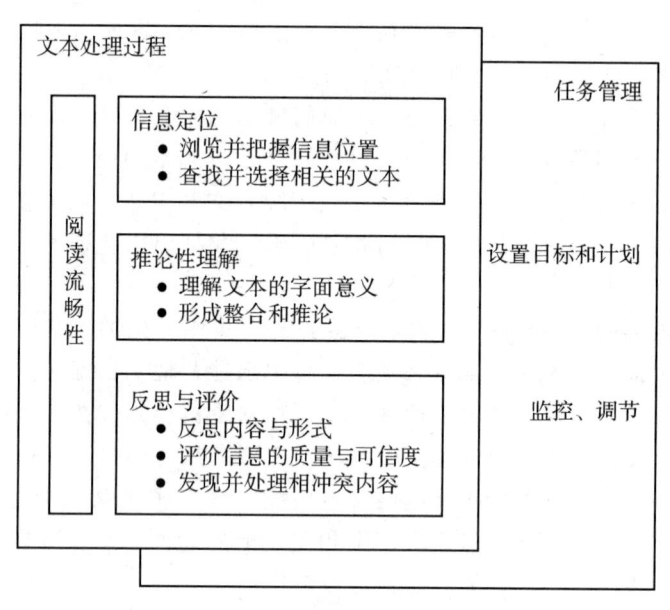

图 4-3　PISA 2018 阅读素养评价框架中的认知过程模型

PISA 认为，阅读活动总是在具体阅读目标的推动下进行的。学生若能准确理解阅读要求，能根据阅读目标检测阅读策略、调整阅读进度，则说明学生具有一定的阅读素养。所谓任务管理策略，就是指阅读者为完成阅读目的，设计合理的阅读目标、制订科学的阅读计划，并在阅读过程中不断监控和调节自己的阅读方法，它实质上是一种元认知策略。[①]

（三）NAEP 的评价框架

NAEP 的评价框架以 2009 年为界，发生了很大程度的改革，体现了国际阅读素养评价项目 PIRLS 与 PISA 对其的影响，同时又不失其独特性。

---

① 王晓诚：《PISA 2018 阅读素养评估的特征解读》，载《首都师范大学学报（社会科学版）》，2019（3）。

从 2009 年开始，NAEP 对评价框架进行了调整，包括阅读类型（目的）、文本类型和认知目标三个维度。

NAEP 将学生在学校和课外阅读中遇到的不同文本概括为两种类型：文学文本和信息文本。其中，文学文本包括虚构的作品、非虚构的作品和诗歌，信息文本包括说明文、论说文、程序文本和公文。NAEP 将阅读类型划分为三种，即三种阅读情境：为获取文学体验而阅读、为获取信息而阅读、为完成任务而阅读。

NAEP 的阅读测评认知目标在 2009 年之前被分为四个方面：整体感知、发展理解力、建立学生和文本之间的联系、检视内容与结构。其中，"整体感知"指的是学生能将文本作为整体来考虑，并能掌握文章大意，形成较为宽泛的理解；"发展理解力"指的是聚焦于具体的细节，跨越文本的各个部分将信息联系起来；"建立学生和文本之间的联系"指的是超越文本进行思考，将文本运用于真实世界的情境中；"检视内容与结构"要求学生对文章进行批评性评价、对比和比较，考虑文本形成的途径及原因，考虑内容、组织和形式，能理解文中一些特殊手法，如反讽、幽默和特殊的组织结构所取得的效果。

此后，NAEP 将其阅读测评认知目标调整为定位与回忆信息、整合与阐释信息、评论与评估信息三大维度，并且根据测评文本的不同类型进行了相应的认知目标规定（如表 4-10 所示）。

表 4-10　NAEP 的阅读测评认知目标

文本类型	认知目标		
	定位与回忆信息	整合与阐释信息	评论与评估信息
文学文本与信息文本（共有指标）	在文本内或跨文本识别明确信息，进行简单的推论： ·定义 ·事实 ·支撑细节	在文本内或跨文本进行复杂的推论： ·描述问题和解决方案或因果关系 ·比较或关联思想、问题或情境 ·确定论辩中未加陈述的假设 ·描述作者是如何使用文学要素和文本功能的	批判性地思考文本： ·判断作者的写作艺术和技术 ·评价文本内或跨文本的作者视角和观点 ·对同一文本采取不同的视角审视

续表

文本类型	认知目标		
	定位与回忆信息	整合与阐释信息	评论与评估信息
文学文本（特定指标）	在文本内或跨文本识别明确信息： ·人物特征 ·事件或行动的序列 ·环境 ·语言特色	在文本内或跨文本进行复杂的推论： ·推断语气或基调 ·整合观点来确定主题 ·识别或解释人物的动机和决策 ·评价主题和背景或人物之间关系 ·阐释节奏、韵律或形式在诗歌意义传达方面的作用	批判性地思考文本： ·评价文学要素在传达意义中的作用 ·确定文学要素增强文学作品品质的程度 ·评价人物的动机和决策 ·分析作者运用的观点
信息文本（特定指标）	在文本内或跨文本识别明确信息： ·主题句或主要思想 ·作者的目的 ·因果关系 ·在文本或图形中查找特定信息	在文本内或跨文本进行复杂的推论： ·概括主要观点 ·得出结论并提供支撑信息 ·找到支撑论点的证据 ·区分事实与观点 ·确定文本内部和跨文本信息的重要性	批判性地思考文本： ·分析信息的呈现方式 ·评价作者是如何选择语言来影响读者的 ·评估作者用来支撑其观点的证据的强度和质量 ·确定文本内或跨文本辩论的质量 ·判断论据的一致性、逻辑性或可信度

（四）北京市义务教育教学质量分析与评价反馈系统的评价框架

北京市义务教育教学质量分析与评价反馈系统（简称BAEQ）依据北京市小学语文学科教学的实际，主要从语言理解与运用、思维发展与提升、文化积累与传承三个方面描述学生的语文学业表现（如表4-11所示）。[①]其中，语言理解与运用是语文素养的重要组成部分之一，主要体现在识字与写字、阅读、习作和口语交际等方面。学生语言文字运用能力的形成、思维品质的发展、文化的积累与传承，都是以理解与运用语言为基础的，并在这个过程中得以实现。语言的发展与思维的发展相互依存、相辅相成，包括联想与想象、分析与判断、探究与发现三个方面。语文课程对继承和弘扬中华民族优秀文化传统和革命传统、增强民族文化认同感、增强民族凝聚力和创造力，具有不可替代的作用。文化积累与传承包括词句积累、诗文积累和经典阅读三个方面。

---

① 李英杰等：《义务教育阶段学业标准与评价：小学语文》，4～7页，北京，北京师范大学出版社，2017。

表 4-11 BAEQ 的评价框架

能力领域			具体描述
语言理解与运用	识字能力	读准字音	拼读音节，掌握常用汉字的读音
		认清字形	识记字形，正确书写常用汉字
		理解字义	理解常用汉字的意思，并在语境中简单运用
		独立识字	能比较熟练地使用字典和词典识字，具有一定的独立识字能力
	写字能力	规范书写	能按照要求使用硬笔规范、端正、整洁书写楷书，力求美观，有一定的速度
	阅读方式	朗读	用普通话正确、流利、有感情地朗读课文
		默读	有一定的速度
		略读和浏览	通过略读粗知文章大意；通过浏览扩大知识面，根据需要收集信息
	阅读理解	整体感知	能形成对文本内容、情感、表达顺序的整体感受
		获取信息	能根据需要从文本中找出相关信息
		形成解释	能利用文本信息对关键内容、思想情感、语言表达形式等进行合理解释
		做出评价	对文本的内容和表达有自己的感受和理解，并能联系文本和生活体验进行说明
		实际运用	能借助所阅读的文本，发展自己的语言；或利用文本信息，解决生活中的简单问题
	课外阅读	阅读积累	扩展阅读面，课外阅读总量不少于课程标准规定的字数
	习作	积累素材	养成留心观察周围事物的习惯，有意识地丰富自己的见闻，珍视个人的独特感受，积累习作素材
		选择材料	根据表达的需要选择典型、有新意的写作材料
		组织材料	合理安排习作的结构
		运用语言	根据对象，文从字顺地进行表达
		修改习作	能主动修改，以增强习作的表现力
	口语交际	倾听能力	耐心倾听，能抓住要点和关键信息
		表达能力	能简明、连贯、得体地进行表达，并能根据场合和对象适当调整表达内容，有效进行人际沟通

续表

能力领域		具体描述
思维发展与提升	联想与想象	运用联想与想象丰富感受与理解
	分析与判断	通过观察、分析与判断获得对语言和文学形象的认识
	探究与发现	有主动探究的意识，提高发现问题、解决问题的能力
文化积累与传承	词句积累	能积累词语、成语、歇后语、名言警句等语言材料
	诗文积累	能积累优秀诗文
	经典阅读	能阅读经典作品

第三节　编制测验细目表

要进行一项长期、稳定的学业评价项目，仅仅有评价框架是远远不够的，还应有对每道测验题目的具体描述和蓝图设计，也就是命题双向细目表。这样才能保证纸笔测验全卷试题布局合理、难易安排有序，每道题目测验目标明确。

一般来说，双向细目表是一个二维表格。表格的每一行代表了一道具体的测验题目，表格的每一列都是对题目属性的具体描述，包括每个测验领域的题量、分值，每个考查能力点的题量、分值，每道题目考查能力的具体描述，每道题目的类型、水平、预估难度、答案和满分。

双向细目表有助于我们把反映不同内容、不同能力水平的题目组成一个有机的整体，以便全面、准确地反映学生语文学习的结果。一个详细的双向细目表是好的评价项目的前提和保证。

编制双向细目表，大概要经历如下几步。

第一，根据不同学段教学的实际情况，确定各部分评价内容所占的比例。包括题量比例和分值比例。一般来说，小学低年级字词等基础内容所占的比例会明显高于阅读和写话，写话类的内容所占比例最少；中年级阅读和基础内容所占比例相当，习作所占比例相对较小；高年级段阅读所占比例会超过基础内容，阅读与习作比例大致相当。这里需要强调的是，各部分比例反映的是命题者对学段教学重点的应然理解。这个比例一旦确定，尽量不要在命题过程中有大的调整。

第二，按照课程标准的要求，确定学生在各个评价内容上应达到的水平（题目难度）。学业评价考查的是学生达成课程标准的程度，课程标准的要求就应该成为命题过程中的尺子。不能因为学生群体的水平而随意调整测验内容、测验题目的难度要求。所以在编制细目表的时候，就要预设好整份试卷、不同评价内容上学生应该达到的水平，也就是预估的难度。这样才能确保试卷反映的是学生达成课程标准要求的程度。

第三，大体确定每道题目的评价指向、题型等具体内容。编制双向细目表时，为了提高命题的有效性，还要大体确定下每一个评价内容打算从哪几个评价角度（指向）进行评价、可能选用的题型、大致的难度等具体内容。如试卷对"读准字音"的考查一共有4道题目，分别指向三个评价角度：多音字、方言、常见误读。多音字所占题量最大，顺序上最为靠前，4道题目均为选择题。这些具体内容只是对题目设计的初步预估，可以随着后续实际命题工作的需要进行灵活调整。例如，可以调整题型，也可以调整题目的答案设计。评价的指向往往反映了命题者对每个能力关键要点的理解，要慎重调整。

第四，整体安排所有题目的顺序。一般来说，题目呈现的顺序要综合考虑题型复杂度、考查水平难易度和内容指向一致性几个方面的因素。从题型复杂度看，通常是简洁容易的题目类型在前，复杂困难的题目类型在后，如是非题、选择题、填空题、简答题、论述题这样的顺序。从题目本身考查水平难易度上看，一般是由易到难排列，帮助学生减少应对考试的焦虑情绪，提高作答的效率。但也要避免较难题目的过度集中，影响学生的作答表现。PIRLS在其2011年度的题目编写指南中就强调：在题目呈现顺序方面，靠前的问题应该比较简单。例如，在测验初始设置1~2个简单问题作为作答难题前的"热身题"，并将学生带入测验情境中。对于体现高阶思维能力的题目，建议均匀分布在试卷中，若集中在末尾，则未完成全部试题的学生就失去了展示此类技能的机会。从内容指向的一致性看，在总体上应该是考查内容相同或相似的题目要尽量集中，阅读题的顺序一般要按照文本阅读的顺序来安排。

延伸探索与思考

① 你是怎样理解语文课程培养的核心素养的？核心素养包含哪些关键要素？
② 试着编写指向语文课程培养的核心素养的评价框架。

第五章 小学语文纸笔测验工具的开发

第一节 测验材料的选择

所谓测验材料,即形成测验题目所用到的各种材料。语文学业测验中最典型的测验材料是阅读短文,当然,字词、古诗、图片等也属于常见的测验材料。这些测验材料是形成题目的基础,也是构成情境的核心部分。这些测验材料,可以有效地唤起学生相应的学业表现,为学生展示其学科素养发展状况提供平台。所以说,开发有效的测验工具,首先要选好测验材料。

一、选择测验材料的基本原则

选择的测验材料应遵循如下几个原则。

(一)价值引领性原则

测验的过程本身就是引领学生精神成长、拓宽学生文化视野的过程。测验材料应选择那些优秀的社会主义文化、革命文化、传统文化成果。如学生阅读下面这则测验材料,完成测验题目的过程本身就是了解抗日战争历史的过程。

阅读下面的文字,完成①②题。

中国抗日战争从1931年开始到1945年结束,经过了14年艰难曲折的历程,是中国近代以来抗击外敌入侵第一次取得完全胜利的民族解放战争,是中国人民用鲜血和生命铸就的反侵略战争的历史丰碑。在世界反法西斯战争中,<u>中国抗日战争持续时间最长、抗击日军最多、付出代价最大</u>,中国抗日战争是世界反法西斯战争的重要组成部分。中国抗日战争不仅关乎中华民族的前途和命运,而且关系到人类社会的前途和命运,值得铭记,并永载史册。

①下列加点字读音错误的一项是（　　）。
A. 结束（shù）　　　　　　B. 曲（qǔ）折
C. 铭（míng）记　　　　　D. 永载（zǎi）史册
②如果要把"开始时间最早"加入画线的句子中，最恰当的位置是放在（　　）后面。
A. "中国抗日战争"　　　　B. "持续时间最长"
C. "抗击日军最多"　　　　D. "付出代价最大"

在小学语文测验中，除了革命文化等内容，还可以将汉字、传统节日、传统工艺等文化要素融入试卷。

（二）科学性原则

测验材料要具有科学性，不能出现知识性错误。在这里，重点要说明在考查字形时应避免采用"假字"的问题。一方面，我们考查的是学生本身的语文学习活动，而不仅仅是汉字识别的认知活动。我们是为了研究学生的学习表现，因此关注的是学生可能会写出的误写字，以反映学生的真实情况。心理学意义上的"假字"是为了了解认知活动人为设置的认知困难，而我们是为了诊断学习困难，二者的功能定位不一样。如果要诊断错别字，不要人为设定错字，要选择学生的真实错误，并且错误应具有代表性。另一方面，测验本身对学生是一种引导和示范，在测验中总是要求学生选择"假字"，会形成一种负强化作用。当然，学生在学习过程中确实会由于对字形认知不准确而写一些"假字"，针对这些"假字"，可以采用给学生真实的作文图片，修改其中的几个字的方式，以还原学生学习的真实状态的方式进行考查。

测验材料也要具有规范性。特别是一些古诗文，由于流传的年代久远，出现了多个不同的表述版本。这时首先要选择与教材一致的版本；教材中没有的，要选择被绝大多数学者认可的主流版本。例如，在设题时会遇到如下问题："山色空（　　）雨亦奇"到底是"蒙"还是"濛"？"孤帆远影碧空尽，（　　）见长江天际流"到底是"唯"还是"惟"？这二者均涉及通假字的问题，选择通行版本，是为了适应学生的需要，直接给出规范用法，遵循学生的学习特点。

此外，语文的阅读学习还会涉及大量其他学科的相关内容，相比语言知识本身的科学性，内容本身的科学性也是在材料选择过程中应该关注的。

（三）适切性原则

测验材料要符合课程标准的基本要求，贴近学生的经验水平，包括内容、难度、长度、语言表达方式等方面。

从内容上说,测验材料要贴近学生的学习和生活经验。如对于低年级的学生来说,选用一篇关于小动物的童话故事,或者一篇写日常生活小事的短文,要比选择一篇写备战高考故事的短文更容易唤起学生的经验。

从难度上说,测验材料要符合课程标准对相关学段、年级的学习要求。例如,以课程标准中没有涉及的字词为测验学生字词积累情况的测验材料就是不合适的;将朱自清的《背影》放在低年级作为测验材料也是不恰当的。

从长度上说,并不是材料越长,难度越大,适应的学生水平就越高。命题者应该对测验材料的内容、主题、语言表达风格等进行综合考虑后设计测验材料的长度。通常说,低年级学生的阅读测验材料应控制在 500~600 字;中年级学生的阅读测验材料应控制在 800 字以内;高年级学生的单个阅读测验材料应控制在 1000 字以内。要避免使用过长的、影响学生阅读的测验材料。

从语言表达方式看,测验材料的语言应该简洁、明了,要避免使用过于生僻的字词,或者过多专业性、文学性的语言。如对于低、中年级的学生来说,若材料中有过多的诸如"锃亮""矜持"这样的书面语,就会增加文本的难度。又如测验材料中有这样一段话:"未来的智能灯有一根神奇的变色管。它可以利用自备的卫星电脑,采用 AWIO 色彩世纪系统设计出需要变幻的色彩、顺序及等待的时间。"材料中专业词语过多,也会增加阅读难度。特别要注意的是,对于一些翻译的文本,要注意语言表达应文从字顺,符合中国人的语言表达习惯,尽量减少用英语语法表达的语言。

(四)公平性原则

测验材料应该保证对所有学生都是公平的。学生不会受其既有经验的影响,能在公平的起点上对测验材料进行理解和运用。公平性原则主要包括不同性别、不同地域、不同生活经验学生群体之间的公平。如选择一篇介绍不同类型汽车特点的文章,就会使部分男生在阅读过程中有经验上的优势,而对于绝大多数女生来说,可能在这方面上是相对处于劣势的。如选择一篇关于堆雪人的短文作为测验材料,北方的学生就更有经验上的优势,而南方,特别是海南、云南等地区的学生就会在经验上处于劣势。命题时要避免这种情况,确保不同学生群体在测验内容上的经验是相当的。当然,在命题过程中也要注意,题目应该是基于对测验材料的阅读形成的理解,要避免设计基于生活经验就可以完成的测验题目。

又如教师立足在乘坐公交车这样一个生活情境中,选择了四个公交车站牌作为测验材料,并设置了相应的题目。乘坐公交车的相关生活经验对学生完成题目有着直接的影响。从不同地域学生的经验看，生活在城市地区的学生拥有更多背景经验，但对于生活在偏远地区的学生而言，涉及测验材料本身的经验相对较少。这样的测验材料，对不同地域的学生群体而言就是不够公平的。补充必要的测验材料，消解学生原有生活经验的差异，将所有题目的认知加工限制在测验材料本身所提供的信息内部，是消除这种不公平性的有效途径。命题者要确保所有学生都能够从阅读材料中获得所有必要的信息，不受自身经验多寡的影响。这样，也就保证了测验对所有学生的公平性。

（五）可用性原则

测验材料要有利于设计测验活动。

一方面，测验材料的内容应该是新颖的，能够引起学生的作答兴趣。命题者应该避免选择和课文内容相近、相似的材料，及练习中经常出现的材料，如树木的年轮指方向、龟兔赛跑新编之类的。这条原则主要是针对能力导向的测验提出的。使用课文或者练习中常见的材料，会使学生受到课堂学习的影响。这样的测验题目判断出的学生能力发展状况，不是学生在某一能力点上的实际能力发展状况，而是学生记忆课堂学习结果的能力。

另一方面，测验材料应该留有足够的建构空间，也就是我们平常所说的文章要有留白的地方，要有出题点。测验材料最大的价值在于展现学生的语文素养发展状况。所以应该在语文素养要点上尽可能多地留出命题空间。如果测验材料本身把所有信息都说尽了，哪怕故事很有意思、文章很精彩，也失去了必要的测验意义。

测验材料的命题空间和材料本身的长短之间并不存在严格的对应关系。选择篇幅短小的测验材料，依然能够从不同角度测查学生的阅读能力。如下面这个测验材料，虽然只有三句话，但是围绕提取信息能力考查了三道题目，测验空间也是比较大的。

一个秋天的早上，陈儿同父亲到乡村去玩。那里虽然没有什么名胜，但是有山有水，风景也很好。尤其是看着碧油油的水，倒映着秋色的山峰，真有一种说不出的美丽。

①陈儿玩的地方是（　　）。

A. 山上　　　B. 乡村　　　C. 水里　　　D. 名胜

②水里倒映着（　　）。

A. 树木　　　B. 小船　　　C. 小屋　　　D. 山峰

③碧油油的是（　　）。

A. 水色　　　B. 山色　　　C. 秋色　　　D. 景色

由于不同的阅读目的和文本类型会影响阅读过程及阅读策略，为了有效地测验学生的实际阅读水平，在阅读测验中可以根据不同的阅读目的设置不同的阅读测验情境，并根据不同的测验情境选择不同的测验材料。

为获得文学体验而进行的阅读测验主要以文学性文本（童话故事、寓言、小说、写人记事的散文等）为测验材料，关注学生对作品内容的整体感受的能力，对作品中形象、情感、语言的领会和理解的能力，以及对作品的内容和形式的理解和评价的能力。

为获取信息而进行的阅读测验主要以说明性或解释性的文本（常见的说明事物事理的说明文和科学小品、简单的议论文、新闻报道等）为测验材料，关注学生对主要事实、观点的把握的能力，对概念、原理、事物特征等的理解和解释的能力。

为完成任务而进行的阅读测验主要以实用性文本（产品说明书、广告等）为测验材料，关注学生从文本中获取相关信息，并利用获得的信息解决实际问题，完成特定任务的能力。

（六）多样性原则

为了给学生提供更大的思维空间，测验材料还应当尽可能丰富、多样。命题者可以在连续文本之外，综合采用图、表等非连续性文本，为学生展现其运用语言解决复杂问题的能力提供更充分的空间。当然，测验材料的形式是服务于测验目的的，并不是越丰富越好。一般来说，多样的测验材料往往出现在对认知要求、素养要求比较高的题目中，对于那些处于基础层级的测验题目，测验材料则应以简洁为佳。

为实现测验的目标，测验材料必须进行必要的修改。在这一步，可以让学生先试读，根据学生阅读后的感受，调整测验材料，如是否有学生不认识的字，是否要对语言进行调整和润色等。

二、测验材料选择样例

在1003本书里睡过觉的蚂蚁

李维明

蚂蚁阿不在一次狩猎过程中，意外地发现了一个书房。在书房里巡视了一圈后，阿不做出了一个重大决定：俺就在书房里定居了，而且俺每天在一本书里睡觉。

阿不用照相机给这个大书房照了相。他还用一小块奶油作为交换，请红头苍蝇给自己拍摄一张学习照。

照片里的蚂蚁阿不穿着笔挺的西装，打了红色领带，穿着锃亮的新皮鞋。他皱着眉头，很严肃地看着一本大厚书。

阿不对这张照片非常满意，他印了好几百张，并把这些照片散发给朋友、亲戚。一传十，十传百，大家很快都知道阿不是个大学问家了。

《蚂蚁国报》的记者赶来采访阿不。第二天，蚂蚁阿不的照片和长篇报道《大学问家阿不》就刊登在《蚂蚁国报》的头版头条上。

好几年时间过去了。

蚁国大学想招聘一名知识渊博的教授。很多人向校长推荐了蚂蚁阿不。校长立即打电话约请阿不。

阿不很高兴，他知道大学教授是很受别人尊重的，而且薪水也不低。除了在书里睡觉外，他当然也希望每天有好吃的东西哟，这好吃的东西可是需要钱买的呀。

阿不穿上笔挺的西装，打了红色领带，穿着锃亮的新皮鞋，他匆匆走在通向蚁国大学的路上。

到蚁国大学了，校长很客气地请他坐下。

阿不说："校长，有什么事，就请快说吧。俺很忙，俺每天都要做学问的。"

校长递过一张试卷，说："耽误您宝贵的时间啦，请您做一下吧。尽管我听说过您的学问情况了，但按照大学的规定，您还是要通过考试才能当教授。"

阿不拿着笔愣住了！试卷上的字认识他，他却根本不认识人家！

空气凝固了一样，足足有半个小时。

校长终于问："您不认识字？不是开玩笑？"

阿不点了点头。

他又有些不甘心，强调说："可是俺已在1003本书里睡过觉了。今天晚上，俺就要在第1004本书里睡觉了。"

校长笑了，说："书再多，您没有读，那也是没有用的呀。对不起，您就是在一万本书里睡过觉，我也不能聘用您呀。"

阿不没有再说话，他红着脸从校长办公室逃了出去。[1]

---

[1] 李维明：《在1003本书里睡过觉的蚂蚁》，载《故事作文（低年级版）》，2007（3），有改动。

这是一篇为三年级学生选择的测验材料。从文本表达的情感看，校长的话能引导学生认真读书，能够让学生在参加测验的同时收获道理。从全文的长度看，500字左右的长度比较适合学生的阅读水平。从文本的内容看，蚂蚁的故事离学生的阅读经验并不远，在书里睡觉的故事比较容易唤起学生的阅读兴趣。从测验的空间看，基本能够满足三年级学生展示自己获取信息、形成初步理解的阅读能力发展要求，有充分的命题空间。从总体上看，这是一篇比较合适的测验材料。

为了更加突出测验的特征，这篇选文在被正式用于测验之前，命题者还对它做了一定的修改。

首先，对文中的一些过于书面化、对学生来说比较陌生的表达内容进行了调整，去掉了学生没学过的生字，以降低阅读的难度。如将"俺"改成"我"，将"锃亮"改成"黑亮"，去掉"狩猎""凝固"等内容。另外，为了减少学生既有经验对阅读过程的影响，在修改过程中将"阿不"改成了"阿布"，以避免学生由"不"的生活意义建构这个形象在文本中的特点。

其次，剔除故事中的无关信息，以控制文本的整体长度，减少无关信息对学生的干扰，如"用一小块奶油作为交换""他知道大学教授是很受别人尊重的，而且薪水也不低。除了在书里睡觉外，他当然也希望每天有好吃的东西哟，这好吃的东西可是需要钱买的呀"等内容。另外，这篇故事中为了显示出数量多，涉及千、万等概念，为了防止这些数学概念影响学生对文本信息的加工建构，在修改过程中降低了这些内容的难度，用"903"表示多，去掉了更大的数字单位。

最后，保留命题空间。一些文章常常在最后点明主旨，这样就使得大部分指向整体理解的题目都会变成获取信息的题目。为此，在修改过程中，将"对不起，您就是在一万本书里睡过觉，我也不能聘用您呀"这句话删掉了，保留了学生自主探索主旨的空间。由于这篇文章是为三年级学生选的测验材料，所以保留了和主旨关系密切的"书再多，您没有读，那也是没有用的呀"这句话，没有将校长的话完全删掉。如果针对的是高年级的学生，这个空间还可以留得更大一些。

这篇文章修改之后如下。

在903本书里睡过觉的蚂蚁

李维明

蚂蚁阿布意外地发现了一个书房。在书房里巡视了一圈后，阿布做出了一个重大决定：我就在书房里定居了，而且我每天要在一本书里睡觉。

阿布请红头苍蝇给自己拍摄一张学习照。照片里的蚂蚁阿布穿着笔挺的西装，打了红色领带，穿着黑亮的新皮鞋。他皱着眉头，很严肃地看着一本大厚书。阿布对这张照片非常满意，他印了好几百张，并把这些照片散发给朋友、亲戚。一传十，十传百，大家都轻易地就相信阿布是个大学问家了。

两年过去了。

蚁国大学想招聘一名知识渊博的教授。很多人向校长推荐了蚂蚁阿布。阿布很高兴。

到蚁国大学后，校长很客气地请他坐下。阿布说："校长，请您快点安排吧。我很忙，每天都要做学问的。"校长递给阿布一张试卷，说："耽误您宝贵的时间啦，请您做一下吧。尽管我听说过您的学问情况了，但按照大学的规定，您还是要通过考试才能当教授。"

阿布愣住了。

校长问："您不认识字？不是开玩笑？"

阿布点了点头。他又有些不甘心，强调说："可是我已在903本书里睡过觉了。今天晚上，我就要在第904本书里睡觉了。"

校长笑了，说："书再多，您没有读，那也是没有用的呀……"

第二节 测验题目的命制

一、题型的分类与选择

命制题目的第一步是要确定题型。所谓题型，就是题目的形式。如选择题、填空题、简答题、连线题等就是从作答方式角度对题型进行的具体界定。

（一）题型的分类

目前，不同学者对题型的分类标准不尽相同，最常见的是将题目类型分为主观题和客观题。这样的分类方式虽然在一定程度上体现了题目答案的唯一性与评分的一致性特点，但在与具体的题目类型对应时，还是会出现一定程度的交叉。举例来说，一道填空题到底属于主观题还是客观题，还要具体看题目本身的设计，不能简单将之与主观题或者客观题对应起来。也有学者根据语文学科的特点将题目分为积累题、阅读题、写作题等。这样的划分方式突出了学科内容本身的特殊性，但是在题目的开发技术上会存在比较多的重合。如不论是积累题还是阅读题，最终呈现的形式都可能是填空、选择、连线等。

另外一种对题型划分的方式是将题目分为选择反应类题目与建构反应类题目。其中，选择反应类题目，是学生从给定的内容中选出正确的答案；建构反应类题目指的是学生必须独立解决问题，要通过或低或高的思维加工来自主产生答案，譬如填空题、简答题、写作题。[1]这种分类方式指向对作答过程中认知加工动作的关注，在一定程度上反映了答题者的思维过程和思维水平。下图呈现了在从选择到建构这一认知过程量尺上，不同题目所处的位置（如图 5-1 所示）。

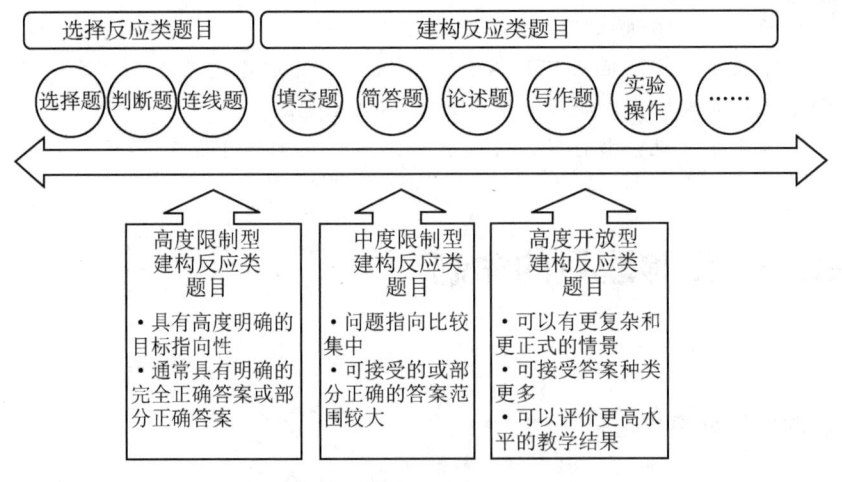

图 5-1　两类题型中不同题目所处的位置

这两类题型在整体上的特点如下（如表 5-1 所示）。

表 5-1　两类题型的特点

题型分类	选择反应类	建构反应类
题型举例	选择题、判断题、连线题	填空题、简答题、论述题

---

[1]　[美]阿来萨：《课堂评估：理论与实践》，徐士强等译，184 页，上海，华东师范大学出版社，2008。

续表

题型分类	选择反应类	建构反应类
测量的学习成果	事实性知识，某些题型也能测量理解、思维技能，但不适合测量选择和组织观点的技能、写作能力或者某些问题解决技能	能测量理解、思维技能和其他复杂的学习成果，测量事实性知识的效率较低
课程内容取样	广泛的样本	有限的样本
对学生反应的控制	限制反应，有猜测的嫌疑	自由反应，使猜测的可能性最小化
评分	相对客观	相对主观

（二）题型的选择

题型本身无所谓好坏，衡量题型恰当与否的标准是能否达成评价目的，达成评价目的的效率如何。一般来说，题型的选择主要考虑如下几个因素。

第一，评价的目的。

命题者要以评价的目的为中心选择题型。一般来说，选择反应类题目由于是事先提供好备选内容，学生只是做出选择性的反应，所以留给学生自主表达、自主展现能力发展状况的空间就会比较小。而建构反应类题目由于需要学生自主建构答案，所以能够为学生提供更自由的表现空间。如果题目考查的目标是指向学生开放性的表现——创新思维，那么选择建构反应类题目就会更好地实现评价的目的，如下面这道题目。

这篇文章的语言表达有值得欣赏的地方，也有可以讨论的地方，请你从最后三段中找出一处（字、词、句）值得讨论的地方，并写出你的讨论题。

讨论题来自：_____。

讨论题是：_____。

这道题目指向对学生的语言审美品鉴能力的考查，学生对语言的品鉴具有很强的个性化特征，难以提供固定的选择性答案。为此，本题采用建构反应类题目的形式，给学生提供更加自由和个性化的表达空间，能够更好地呈现学生的素养发展状况。

又如，学生在阅读一篇短文后，为了考查学生思维的独立性，设置了如下考题。

你觉得文中的"我"这样做值得吗？结合文章内容写出你的看法。

这道题目指向对学生阅读文本能力的考查，但不拘囿于文本，让学生独立表达观点。为此，命题者选择了建构反应类题目，为学生自由表达观点提供了空间。

第二,能力的要求。

命题者想要考查的思维层次越多、认知加工过程越复杂,选择的题目就越倾向于建构反应类。这样才能够更加充分地展现学生在所考查能力上的表现过程和具体的表现水平。如果题目考查的目标认知能力的层次比较低,则可以设计选择反应类题目,以此来提高命题的效率。

如下面这篇短文讲的是一位小女孩出车祸后在医院急救时发生的事。命题者为了考查学生联系上下文及既有经验形成解释的能力,想在男人"脸上流满泪"这个点上出一道题目,让学生解释男人产生这一表现的原因。

母爱的力量

程咏泉

那年,小弟因为受伤住进了医院,我去陪护。同病房有一个女孩,她是因为车祸住进来的,自住进来的那天起,她就一直昏迷不醒。

女孩在昏迷中不时地喊着:"妈妈,妈妈!"

女孩的爸爸手足无措地坐在病床前,神色凄楚地看着女儿痛苦地挣扎,不知该如何帮助女儿,只是不停哀求医生:"救救我女儿,救救我女儿!"

他不知道医生该用的药都已用了,而病人,有时候也是要自救的,能不能活下来,要看她对这个世界是否充满生的渴望。

一位年轻的护士问那个男人:"女孩的妈妈呢?你为什么不叫她妈妈来?"

男人埋下头,低低地说:"我们离婚很久了,我找不到她。"

护士皱了皱眉头,默默地坐下来,轻轻握住女孩冰凉的手柔声说:"女儿乖,妈妈在,妈妈在。"

男人抬起头,吃惊地看着护士。少顷,脸上流满泪说:"谢谢,谢谢!"

女孩唤一声"妈妈",护士答应一声。护士与那个女孩差不多年龄,还没结婚。

女孩像落水者抓到了一根稻草般死死握紧护士的手,呼吸慢慢均匀起来。[1]

---

[1] 刘敬业、景振东:《心灵守望》,94~95 页,长春,吉林人民出版社,2001。

从学生在这道题目中所需运用的文本信息看，学生需要将"能不能活下来，要看她对这个世界是否充满生的渴望"这句话与女孩不时地喊妈妈的表现、爸爸说的关于离婚的话、护士柔声扮演女孩的妈妈这一行为以及护士"与那个女孩差不多年龄"这部分内容联系起来。只有把这些信息都关注到，才能理解爸爸感动流泪的原因是：没想到护士在女孩生命垂危的紧要关头，不顾自己的年纪，主动充当女孩的妈妈，给了女孩生的希望。

学生可能表现出的能力层级包括：能联系护士扮演妈妈这个最直接的信息简单解释原因，如护士扮演了女孩的妈妈；能联系护士的表现与女孩的病情需要这两方面的信息进行解释，如护士在女孩生命垂危之际，扮演女孩的妈妈；能综合联系所有相关信息进行充分解释，如护士用自己的行动给了女孩无限的温暖。

基于题目所考查的能力本身包含了比较多的层级要求，选择建构反应类的题目就更加合适。因为这类题目可以给学生提供更大的思考空间和认知加工空间，能够比较好地展现学生利用文本信息的程度，更准确地诊断学生在具体能力上的发展状况。

当然，建构反应类题目不论是从作答角度还是从阅卷角度来说都需要付出更多的时间和努力。如果对能力考查要求比较简单，对认知能力考查的层次比较低，那就多选用选择反应类题目。学生对这类题目的作答效率是比较高的，如下面这道题目。

学校举办了"十大好书评选"活动。经过近一周的投票，学校评选出了"十大好书"。下图展示了相应的图书类型所占的比例，请结合图片回答问题。

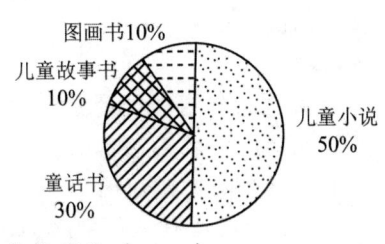

图画书 10%
儿童故事书 10%
童话书 30%
儿童小说 50%

大家最喜欢的图书类型是（　　　）。
A. 童话书　　　B. 儿童小说　　　C. 图画书　　　D. 儿童故事书

这道题目指向的能力就是简单信息的获取，利用选择题，既能够达成评价的目标，也能够提高作答和阅卷的效率。

第三，学生的实际可能性。

建构反应类题目对学生学业发展状况的判定是建立在学生自主语言表达的基础上的，因此对学生表达能力有一定的要求。学生只有清楚地表达自己的想法，命题者才能够准确判断其理解水平或者思维发展水平。如果学生本身的理解能力、思维能力和表达能力发展得不同步，且差异较大，命题者就很难判断学生的表现是受题目目标能力影响的，还是受表达能力影响的。如对于低年级的学生而言，由于理解能力的发展会先于表达能力的发展，他们会出现能理解语言文字，但是难以清楚表达的情况。这时，如果要考查学生的理解能力，就要尽量选用选择反应类题目，减少表达在其中的干扰。

第四，测验材料的限制。

测验材料本身也会对题型的选择产生影响。对于知识性、信息性比较强的文章，如一些简单的说明文，由于学生个性化、发散性建构的空间比较小，可以多选用一些选择反应类题目；对于故事性、叙述性比较强的文章，如一些童话、故事，既包含客观的事实性信息，也给学生留下了自主建构意义的空间，可以综合选用选择反应类和建构反应类题目；对于文学性、发散性比较强的文章，如一些写景散文，学生的主观建构空间是最大的，可以多选用建构反应类题目，避免限制他们对文本内容、语言的个性化体验。

二、编写题目的基本要求

在编写题目的过程中，命题者要遵循如下基本要求。

（一）切实指向评价目标

能够反映出学生在某一教育教学目标上的发展状况，这是每道题目得以存在的最大的价值。所以编写题目的最基本的要求是能够真正指向测验预期的能力目标。如"写出你所在的学校在这个学期开展的一项语文综合性学习活动，并写出你的感受"，这道题目能够考查学校教师是否切实组织了综合性学习活动，组织活动的效果如何，却没办法反映学生是否具有综合性学习的能力。

（二）符合课程标准要求

题目的能力和内容要求应该符合课程标准对相关内容的要求，包括在内容范围上、能力要求上、考查要求上、考查重点上，都要和课程标准保持一致。

第一，题目考查的内容要在课程标准的范围内。

下面四组词语，意思相同的一组是（　　）。

A. 花　花子　　　　　B. 花　花儿

C. 盖　盖子　　　　　D. 盖　盖儿

从表面上看，这道题目考查的是学生对相近字词意思的理解能力，但从具体选项的设计看，"盖""盖子""盖儿"是动词和名词的区别，题目真正考查的目标是分辨动词和名词。《义务教育语文课程标准（2022年版）》并没有对小学生提出学习语法、修辞知识的要求，显然这道题目考查的内容超出了课程标准的范围。

第二，题目考查的能力要求要和课程标准的具体要求一致。

"我看见天上飘着白云，一朵朵形态各异的。它们有的像狮子，有的像大马，有的像小白羊，还有的像大象。"后面这句话所使用的修辞手法是_____。

这道题目考查的内容是修辞手法，且指向对比喻、排比等修辞手法本身概念的辨析。前面提到修辞知识本身是不应作为考查对象的，对修辞手法的考查重点应放在体会语言表达的效果上。因此，如果将题目修改为"后面这句话把白云写成狮子、大马、小白羊、大象，你感受到白云怎样的特点？请你仿照这段话再写一段内容"，考查的内容就变成了对语言表达效果的感受和学习。

第三，题目考查的要求应与课程标准中的学段要求相一致。要注意区分不同年级的具体要求，避免产生高于课程标准或者与课程标准要求不符的情况。

鸡学游泳

有一天，鸡看见鸭子在水里自由自在地游泳，很羡慕，便请教鸭子怎样才能学会游泳。鸭子说："不用学。妈妈带我们下水，也并不教，只喊一声'跳'，我们'扑通''扑通'往下跳，就会了。"

"啊，太好了！只要有勇气就够了，这么容易！"鸡认为自己领悟了奥秘。

第二天，鸡来到小河边，鼓起勇气，"扑通"一声跳入水。天哪，它一不会换气，二不会做动作，三不能保持平衡，没用多大工夫就灌了一肚子水！幸亏鸭子及时将这只"落汤鸡"救上了岸。

鸡躺在沙滩上，说："看来光有勇气，没有实际本领是不行的。"①
请用简洁的语言概括短文主要讲了一件什么事。

这是一道二年级的阅读题，题目要求学生简洁地概括短文的主要内容。《义务教育语文课程标准（2022年版）》对低年级学生阅读的要求是："结合上下文和生活实际了解课文中词句的意思，在阅读中积累词语""借助读物中的图画阅读""阅读浅近的童话、寓言、故事，向往美好的情境，关心自然和生命，对感兴趣的人物和事件有自己的感受和想法，并乐于与他人交流"。到了中年级，才要求学生"能初步把握文章的主要内容，体会文章表达的思想感情"。②显然，简要概括短文主要内容超过了课程标准对低年级学生的要求，放到中年级的测验中更为合适。

第四，题目考查的重点应该和课程标准的理念相一致。

"蒸蒸日上"中"蒸蒸"的意思是_____。

这道题目考查学生对词语意思的理解，但是强调的重点是对词语意思的机械识记，与课程标准中强调的"语文课程是一门学习国家通用语言文字运用的综合性、实践性课程"这样的学科性质，以及考查学生在具体语言环境中运用汉字的能力的具体要求都不尽一致。如果调整为如下方式，就更能体现引导语言运用的教学理念。

祝你的事业（　　），取得更辉煌的成绩。

A．蒸蒸日上　　B．勃勃生机　　C．郁郁葱葱　　D．沸沸扬扬

（三）题目措辞指向明确

题目应该明确界定作答要求，避免在对题目本身的理解上存在偏差。如"本文写的事情发生在_____"，这道题目乍一看似乎是清楚的，但是到底要求补充的是时间信息，还是地点信息，并没有说明。这样的题目措辞就是不清楚的，学生可能会因为对题目本身的语言理解有偏差而错误作答。如果能够改成"本文所写的事情发生的时间是_____"，题目的指向就清楚、明确了。

为了保证题目措辞是清楚的，需要注意如下几点。

一般来讲，直接提问比不完整陈述更合适，且小学生会感觉更自然、更清楚。在编写填空题时，要特别注意填空的数量，避免留空过多，影响

---

① 根据鲁芝《鸡学游泳》改编。参见鲁芝：《寓言百叶》，88~89页，济南，明天出版社，2001。
② 中华人民共和国教育部：《义务教育语文课程标准（2022年版）》，8、10页，北京，北京师范大学出版社，2022。

学生对句子本身的理解。肯定句比否定句更容易被学生准确理解。除非特别需要，不要使用双重否定句做题干。

题干本身应该是有意义的，所提出的任务应该是非常清晰的。特别是对于选择题来说，学生不用读选项也应该可以理解题目的要求。

下面关于航天飞机的描述恰当的选项是（　　　）。
A. 成功进行第一次航天飞行是在 1981 年
B. 可重复使用，是"太空医生"的合适"人选"
C. 运行轨道过低时就会得"不治之症"
D. 可以运载新的化学电池等太空必需品

这道题目由于题干过于简单，只有一个主语，学生只看题干完全看不出题目的作答指向，四个选项又分别指向航天飞机的历史、不同特征，在一定程度上增加了学生在理解题目本身上的困难。此外，还有类似"下列表述正确/不正确的是"这样的题干，也没有清晰地表达题目的要求。在一定意义上，这样的题目考查的不是某一项具体的语文能力，而是学生比较选项的能力。如果在题干本身的表述上能够尽量完整一些，给出的作答信息充分一些，学生在理解题目本身上的困难也会降低一些。例如，可将上述题目改成如下内容。

航天飞机是"太空医生"的最合适"人选"，这是因为（　　　）。
A. 飞行距离较长　　　　　　B. 可以重复使用
C. 运行轨道较低　　　　　　D. 可以运载物品

检验选择题题干的清晰性和完整性的一个好方法是，遮住选项并判断没有那些选项时学生是否可以明白题干中的问题。

另外，一道题目尽量保持在同一页中也有助于学生作答。

（四）避免无意线索

为了真实反映学生在目标能力上的发展状况，编写题目时，要尽量避免给学生提示性的线索：题目本身包含的线索或者题目间相互印证的线索。

下面几项中，（　　　）描写的是秋天的景色。
A. 忽如一夜春风来，千树万树梨花开。
B. 停车坐爱枫林晚，霜叶红于二月花。
C. 接天莲叶无穷碧，映日荷花别样红。
D. 千里黄云白日曛，北风吹雁雪纷纷。

上面这道题目，意在考查学生对古诗的理解性积累，所以题目要求学生能够分辨描写秋天的古诗。但是由于只有选项 B 中包含了"枫林""霜叶"这样秋天的典型事物,学生即使没有积累相应的古诗,也可以选出正确答案。这就使得题目对学生目标能力的判断可能是不准确的。

选择题题干与选项之间在语法上要保持一致,否则也会给学生作答带来无意提示。

航天飞机是"太空医生"的最合适"人选",这是因为(　　)。
A. 空间科学活动　　　　　B. 可以重复使用
C. 运行轨道较低　　　　　D. 可以运载物品

这道题目看起来四个选项长短相当,且不存在相互包含关系,但仔细阅读题干和选项就会发现,A 选项和题干在语法上并不连贯,而 B、C、D 选项都可以和题干组成一句逻辑清楚的完整句。这样的选项设计,也会提示学生 A 选项不太可能是正确答案。

还有一类选择题,同时包含多个空,在设计选项的时候也要注意避免只靠一个空的答案就可以判断选项的情况。

与猪八戒的被迫西行相比,孙悟空并不厌倦取经。一来他没有家庭和亲友,可谓(　　);二来他天生好动好事,故取经之路虽多灾多难,他却总能从容应对,可谓(　　)。
A. 无忧无虑　乐不可支　　B. 无牵无挂　乐在其中
C. 无所适从　乐天知命　　D. 无所事事　乐极生悲

在做这道题目时,学生看似需要正确完成两个空的词语选择,但只要能够正确选择第一个空或者第二个空,就可以保证正确回答本题。这样的题目,难以判断学生是两个空都能准确作答,还是只能准确作答其中的一个空,题目预期的测验目标不能得以完全实现。这样的题目,可以选择设计成两个小题,采用让学生分别选择两个空的方式,保证题目的测验功能。

除了单个题目本身包含的无意线索,还应该避免题目之间的相互提示,相互映射。在语文试卷中最常见的就是前面考查字形的汉字,在后面的阅读或习作中再次出现,前面考查字形的题目就失去了测验的客观性。

下列各组词语中,书写完全正确的一项是(　　)。
A. 横七坚八　精疲力竭　　B. 呼风唤雨　左故右盼
C. 重整旗鼓　通情达理　　D. 面如土色　不动生色

下列选项中,(　　)在表达上与其他三项不同。
A. 是谁来呼风唤雨呢?当然是人类。
B. 这位同学是谁呢?他就是周恩来,中华人民共和国的第一任总理。
C. 您何必卖房子,只要您把胡子一剃,一登台,还愁没钱花?

D. 中国是世界上人口最多的国家吗？答案是肯定的，中国是当之无愧的人口第一大国。

上面两道题目中都包含"呼风唤雨"这个词语，第一道题目考查的就是准确书写"呼风唤雨"这个词语的能力。如果这两道题目出现在同一份试卷中，第一道题目的测验功能就会受到影响。

三、选择反应类题目的开发

一般来说，常见的选择反应类题目包括选择题、判断题、连线题等。这些题目往往在答案上是比较固定的，评分标准的客观性是比较强的。决定这类题目质量的主要因素在于题目本身的设计，所以这部分主要聚焦在题目本身的设计上讨论选择反应类题目本身的设计。

（一）克服猜测性的技术

选择反应类题目存在的问题之一是存在猜测的可能性。为了降低这种可能性，可以采用一些命题技术控制猜测的空间。

首先，尽量采用不完全匹配的方式。

一般来说，连线题或者匹配题学生需要匹配的两个部分是数量相等的，这样就使得学生可以用排除的方法得到最后一个正确答案。如果采用不完全匹配的方式，就可以避免学生这种猜测的可能性。

连线　　　　　　　　　　　　连线

wū yā　　　乌鸦　　　　　　wū yā　　　乌鸦

fèng huáng　凤凰　　　　　　fèng huáng　凤凰

lǎo yīng　　老鹰　　　　　　lǎo yīng　　老鹰

　　　　　　　　　　　　　　má què

上面这两道连线题，第一题采用了完全匹配的方式，学生只需要正确判断其中两组，就可以完全做对这道题目。第二题采用了不完全匹配的方式，学生只有全部掌握才能完全做对题目。这样的方式可以在一定程度上降低学生猜测的可能性。

其次，尽量少用表示限定的词语进行描述。

为了保证描述的准确性，判断题在表述时常常采用"大约""左右""绝大多数""全部"等词语进行限定，这也为学生的猜测提供了线索。学生往往会将表示不完全程度的表述判断为正确的,而将带有绝对化程度的表述判断为错误的。为了避免这种情况,可以在命题的时候避免或者尽量控制使用表示限定的词语。

最后,避免选项相互包含。

选择题选项间的相互包含,或者某一个选项过长或过短,也会成为给学生猜测的线索,这也是应该避免的。

我为什么没有买卷鼻大耳象座凳?(　　)
A. 还有其他更喜爱的木雕工艺品要买。
B. 这个卷鼻大耳象座凳有破损,不值得买。
C. 我舍不得花钱。
D. 我带的行李已经超重了,而这个座凳又太沉了。

这道题目中的 D 选项明显比其他三个选项更长,在语言本身的逻辑关系上也更为复杂。在选择题的选项设计上,要尽量避免干扰项与正确选项在长短、语言复杂程度上的差别,以降低学生猜测的可能性。另外,诸如"以上选项全对"或者"以上选项全不对"这样的表述也是应该避免的。

选项与题干之间的重复包含,也会帮助学生做出猜测,也是在命题时应该避免的。

《松鼠》这篇课文语言生动活泼,而本文的语言(　　)。
A. 婉约细腻　　　　　B. 生动活泼
C. 平实质朴　　　　　D. 幽默风趣

这道题目的题干中的"生动活泼"一词与选项中的"生动活泼"重复,已经暗示学生 B 选项不是正确答案。命题者应调整 B 选项的内容,或者去掉题干中有关《松鼠》一文的语言的内容,避免二者重复出现。

(二)选择题选项设计的技术

选择题的选项数量会影响到试题的难度、信度和效度。到底设计多少个选项才能在难度、信度和效度之间找到一个平衡点?一般来说,标准的选择题会提供四个选项。但也有研究者提出不同意见。美国亚利桑那州立大学的托马斯·哈拉迪纳(Thomas M. Haladyna)等人提出,虽然命题者通常会为每个选择题提供 4~5 个选项,但他们的研究发现,三个选项可能适合大多数能力和成就测验。[1]心理学家弗雷德里克·洛德(Frederic M.

---

[1] Thomas M. Haladyna & Steven M. Downing, "How Many Options is Enough for a Multiple-Choice Test Item?" *Educational & Psychological Measurement*, 1993, 53(4).

Lord)也提出，与标准的四项选择题相比，三个选项的题目具有相同的信度，二者在 10% 的置信水平上差异并不显著。①我国的吴姣通过比较发现：三个选项与四个选项的选择题在平均分、难度、区分度及信度方面均无显著差异；与四个选项的选择题相比，三个选项的选择题能节省 17.6% 的考试时间。②也就是说，对于只有一个正确答案的选择题来说，设置 3~4 个选项就可以满足选项数量的要求。

选择题干扰项的干扰性适度，是保证选择题质量的因素之一。干扰性过高会使得题目难度增大，干扰性过低也会失去干扰项的干扰意义。一般来说，干扰项至少要有 2% 的学生选择，才能体现干扰项存在的价值。当然，这也要根据题目的考查目的、难度设计做整体考虑。为了保证干扰项的干扰性，需要注意如下问题。

第一，运用学生的典型错误作为干扰项。

干扰项应该是合理且错的，是学生典型错误的代表，这样才能以不同的选项代表学生在能力发展过程中的不同问题。编制高质量的干扰项，一个可行的办法是选用学生真实、典型的错误。不能为了编制干扰项挖空心思，选择一些学生根本不会选错的选项。

下面四个选项中字形正确的一项是（　　）。
　　A. 摇蓝　　　　B. 沙哑　　　　C. 做文　　　　D. 状观

这道题目中，"摇蓝""状观"两个错误字形都是学生真实的错误，并且是比较典型的错误，作为干扰项出现是比较恰当的。"做"和"作"虽然是容易混淆的字，但是"作文"这个特定词语是学生常用的，学生不太可能出现"做文"这个错误。这个干扰项就不是学生的典型错误，作为干扰项来说是不太恰当的。

第二，控制正确项与干扰项之间的表面差异。

命题者在命制干扰项的过程中，还要注意正确项与干扰项之间的表面差异。增加干扰项与正确项之间的表面相似度，会提高干扰项的干扰性。但干扰项与正确项之间过高的表面相似度，也会对学生答题造成不必要的干扰。同时，这还会影响评价者对学生在要考查的目标能力上的发展状况的判断。因此，在设计干扰项时，要有效控制表面差异。

---

① Frederic M. Lord, "Optimal Number of Choices Per Item— A Comparison of Four Approaches," *Journal of Educational Measurement*, 1977, 14(1).

② 吴姣：《三个选项与四个选项的多项选择题的差异性比较研究》，硕士学位论文，湖南大学，2014。

与"她也不知道自己为什么要这样做"这句意思相同的选项是（　　）。

A. 她也不知道自己为什么要这样做？

B. 她自己也不知道为什么要这样做。

C. 她能不知道自己为什么要这样做？

D. 自己也不知道她为什么要这样做。

这道题目考查的是学生对句子意思的理解。但是由于四个选项之间只是在个别字词的顺序上有区别，学生需要对四个相似选项进行精细的辨析。他们最终在这道题目上做出错误判断，并不一定是不理解题干中句子的意思，也有可能是因为他们在辨析过程中出现了失误。这样的干扰项并不是在关键能力上进行干扰，而是在语句本身上设置障碍，是应该避免的。

第三，控制选项的长度。

选择题的选项应尽量短小、简明，以减少学生的阅读量。

关于短文最后一个自然段所起的作用，下列选项中描述得最准确、最全面的是（　　）。

A. 重现父亲打蚊子的细节，前后照应，突出父亲对"我"的关爱。

B. 重现父亲打蚊子的细节，点明主题，表达"我"对父亲的怀念。

C. 重现父亲打蚊子的细节，强调慈祥的父亲给了"我"无私的爱，同时表达"我"对父亲的怀念。

D. 重现父亲打蚊子的细节，照应开头，使文章结构完整，主题突出，表达了父亲对"我"无私的爱和"我"对父亲的深切怀念。

这道题目的每个选项中都出现了"重现父亲打蚊子的细节"，增加了无意义的阅读量。重复的内容并不能发挥区分学生能力发展状况的作用。命题者应将选项中重复的内容调整到题干中。

短文最后一个自然段重现了父亲打蚊子的细节，对于这样写的作用，描述得最准确、最全面的选项是（　　）。

A. 前后照应，突出父亲对"我"的关爱。

B. 点明主题，表达"我"对父亲的怀念。

C. 强调慈祥的父亲给了"我"无私的爱，同时表达"我"对父亲的怀念。

D. 照应开头，使文章结构完整，主题突出，表达父亲对"我"无私的爱和"我"对父亲的深切怀念。

当然，修改后的题目仍然存在选项越长，答案越完整的情况，正确选项 D 明显包含了其他所有内容。这样的选项设计也会暗示正确答案，也是要避免的。命题者可将四个选项设计成四种不同的错误认识。

短文最后一个自然段重现了父亲打蚊子的细节，对于这样写的作用，描述得最准确、最全面的选项是（　　）。

A. 总结全文，向读者强调父亲自始至终都很关爱"我"。

B. 点明并提升主题，说明世界上所有的父亲对孩子的关爱都是无私的。

C. 强调慈祥的父亲无论在什么样的环境下都给了"我"无私的爱。

D. 照应开头，并再次点明父爱的无私与"我"对父亲的怀念。

第四，避免常识性错误作为干扰项。

干扰项的干扰应该指向题目所要考查的目标能力，是学生因为在目标能力上的发展存在问题而出现的典型错误代表。若学生使用一般性的常识性知识或者不调动目标能力就可以对干扰项做出判断，题目也就失去了考查意义。

为了防止感染流感，乘坐公交车时，应该（　　）。

A. 戴口罩　　　B. 勤洗手　　　C. 穿防护服　　　D. 多通风

这道题目是一道阅读题，但学生不需要阅读就可以凭常识性经验做出回答，且"乘坐公交车时"与"勤洗手"在语言上和逻辑上不够连贯，这样的干扰项设计是不够恰当的。

第五，注意学生的反应定势。

有研究表明，同样的干扰项，位置越靠前，干扰性越强。这是由于学生在答题的过程中往往是按照从前向后的顺序进行思考的，他们会在前面的选项上进行比较多的思考。

（三）考查高层次能力的技术

人们对选择反应类题目的一个重要的批评方向是这类题目只能测查低层次能力表现，难以对学生的复杂思维过程进行分层评价。近年来，随着命题技术的改进，人们逐渐认识到选择反应类题目更多的测验功能。詹姆斯·麦克米伦（James H. McMillan）曾尝试把认知目标层级和各种题型的适用程度进行比对。他认为选择反应类题目不仅适用于测验知识的记忆，如果出的题目巧妙，还能非常有效地测评学生的理解能力（包括深度理解）和推理能力。[①]诺曼·E. 格伦隆德（Norman E. Gronlund）等人提出选择反应

---

① James H. McMillan, *Classroom Assessment: Principles and Practice for Effective Instruction*, Boston, Pearson Education, 2001, pp. 56-57.

类题目可以考查从简单到复杂的多种学习成果，可以产生质量最高的题目。[1]

前面已经介绍过，SOLO分类理论认为学生在回答某个具体问题时所表现出来的思维结构的复杂性是可以被直接检测的，进而对这种思维结构进行了前结构水平、单一结构水平、多元结构水平、关联结构水平和拓展结构水平的层级划分。命题者可将这种思想应用于选择题的选项设计，改变选择题非对即错的设计思路，将每个选项与不同水平学生的典型表现相对应，以学生的选择来推断学生的认知发展水平，这样可以有效考查学生高层次的认知能力发展状况。

比如，针对《在903本书里睡过觉的蚂蚁》一文，可以编制一道考查整体感知的题目：这个故事讲的道理是什么？

如果按照非对即错的做法将这道题目设计成选择题，对学生整体感知能力水平的诊断就只能是二元判断。如果将选择题的四个选项分别设计为代表学生四种整体感知能力发展水平的表述，则可以推断学生在整体感知能力上的具体发展状况。

下列选项中属于这个故事所讲道理的是（　　　　）。
A. 不论任何时候都不应骄傲，要谦虚。
B. 自己不会就是不会，要诚实地面对。
C. 不要只追求表面的东西，要有真才实学。
D. 书再多，没有读，也不是学问家。

四个选项中，选项A"不论任何时候都不应骄傲，要谦虚"，是短文中没有涉及的道理，选择这个选项的学生对短文的理解是完全错误的，处于前结构水平。选项D"书再多，没有读，也不是学问家"，这是短文中校长说出的道理，选择这个选项的学生只是抓住了短文的原话，他们对短文的理解是单一的，处于单一结构水平。选项B"自己不会就是不会，要诚实地面对"，这是联系短文后半部分的内容得出的结论，选择这个选项的学生对短文的理解处于多元结构水平。选项C"不要只追求表面的东西，要有真才实学"，这是短文真正要告诉学生的道理，选择这个选项的学生要联系全篇才能得出这个结论，他们对短文的理解处于关联结构水平。这样的选择题，既在一定程度上测量出了学生答题过程中思维结构的复杂程度，区分了学生高水平的思维过程，同时也保持了选择题的各种优势。

---

[1] ［美］诺曼·E.格伦隆德、C.基思·沃：《学业成就评测》，杨涛、边玉芳译，91页，北京，教育科学出版社，2011。

要开发一道这样的题目，需要经历如下三步。

首先，明确学生在关键能力上的水平表现。

虽然 SOLO 分类理论对学生学习结果的总体水平做了划分，但这是针对认知加工的整体过程提出来的，还要结合学科具体能力点，明确学生的学科水平表现。下面我们以阅读素养的几个关键能力为例，说明 SOLO 分类理论所划分的几个水平的具体表现。

针对提取信息的能力，应以信息的数量和隐显程度为划分水平的依据。前结构水平表现为学生不能根据要求提取出相应的信息。单一结构水平表现为学生能够从文本中提取直接陈述的单个信息。多元结构水平表现为学生能够从文本中提取直接陈述的多个信息或者单个隐含信息。关联结构水平表现为学生能够从文本中提取多个隐含的信息。

针对形成解释的能力，应以学生关联文本信息的复杂程度为划分水平的依据。前结构水平表现为学生不能利用文本信息形成符合文意的解释。单一结构水平表现为学生能够基于既有经验及上下文语境，利用文本中的单个信息进行解释。多元结构水平表现为学生能够基于既有经验及上下文语境，关联文本中的多个信息进行解释。关联结构水平表现为学生能够基于既有经验及文本语境，关联多个信息组成一个相互关联的意义整体。拓展结构水平表现为学生能够基于既有经验及文化语境，把多个信息组成一个相互关联的、高于文字本身的意义整体。

针对整体感知的能力，应以学生概括文本信息的抽象程度为划分水平的依据。前结构水平表现为学生不能基于文本信息进行提炼、概括。单一结构水平表现为学生能够对文本中的个别信息进行概括。多元结构水平表现为学生能够对文本中的部分信息进行概括。关联结构水平表现为学生能够基于对文本信息重要程度的辨识，对文本信息进行完整的概括。拓展结构水平表现为学生能够辨识文本主次信息，对文本信息进行完整、简练的概括。

针对做出评价的能力，应以学生观点的质量为划分水平的依据。前结构水平表现为学生不能基于文本阅读形成自己的观点。单一结构水平表现为学生有自己的观点，并能利用文本个别信息支持自己的观点。多元结构水平表现为学生有自己的观点，并能充分地利用文本信息支持观点。关联结构水平表现为学生能够形成符合文本和社会公共标准的观点，并能比较充分地利用文本信息支持观点。拓展结构水平表现为学生能够有自己独特的观点，并能基于文化背景，充分利用文本信息和个人经验支持观点。

如要求学生结合文本内容分析某一个文学作品中的人物形象，前结构水平的学生可能会仅仅根据文本中的某一句话就对人物的形象进行错误的解释，可能会脱离文本凭自己的经验想象人物的形象，也可能会仅仅用好或者坏给人物下一个定义。单一结构水平的学生可能会忽略人物本身性格的复杂性，他们只要能够从文本中找到人物的某一个方面的特点，就会马上断定人物的形象就仅仅是这一个方面。多元结构水平的学生可能会从文本中找出能反映人物某一个或者几个方面的特点的多个细节，但是，他们不能将这些细节进行有机整合，在综合考虑的基础上分析出人物的整体形象特点，他们对人物形象的解释是零散的、片断的。关联结构水平的学生能够抓住文章中表现人物性格的各个细节，并且能够将这些细节进行有机整合，在综合考虑的基础上对人物做出全面的分析，归纳出人物的整体形象特点。拓展结构水平的学生不仅能够像关联结构水平的学生一样对人物的形象进行整体的分析，还能够结合人物当时所处的社会环境和心理状态，从历史的角度对人物的形象进行客观的分析。

上面那道题指向整体感知能力，四个选项分别指向学生概括文本信息的不同程度。

在阅读能力评价中使用这样的层级描述，可以改变既有的阅读能力评价过分关注学生回答的内容本身，对学生学习没有直接的反馈和促进作用的问题；可以反馈给学生更为细致的信息，让学生清楚自己处于哪个发展水平，需要怎样调整自己的学习，为其接下来的学习提供方向。特别是在阅读活动的一些关键心智动作上，命题者可以划分同一测验内容的不同层次，有效区分学生在每个心智动作上理解的不同程度和水平，从而对学生的阅读能力做出更为具体的反馈。

当然了，根据 SOLO 分类理论的观点，学生总体的认知发展阶段会决定学生在回答问题时最好的表现，因此对于不同年级的学生，应该有不同的要求。如低年级的学生正处于具体运算时期，对于他们来说，提取信息、形成解释等阅读的关键心智动作都主要是单一和多元的，以单一水平为主。高年级的学生随着总体认知能力逐渐向形式运算过渡，他们在阅读的各项关键心智动作上也应该表现出相应的多元、关联等较高的水平。

并且，SOLO 分类理论认为，有些题目本身会限制学生反应的水平，所以对于不同的题目，学生可能表现出的水平也是不一样的，不宜要求学生在所有题目上的反应都达到关联结构水平或者拓展结构水平，也不宜认为在所有题目上都会出现五种不同的反应水平。如提取信息的题目由于题目本身要求是基于文本的，所以学生不太可能表现出拓展结构水平。

其次，以口语报告把握学生的实际水平表现。

选择题中四个表现不同水平的选项可以通过两种方式来获得。第一种是可以通过学生对相应问题的主观评述，把大量的答案加以类型化，选取典型的答案转换成选择题的选项。第二种是根据教育专家对学生经验的把握，建立代表不同水平的选项，然后再通过大量的测验对选项的合理性进行检测，证实学生的认知反应。不论采用哪一种方式，最终都需要经过学生实际作答表现的验证。口语报告法就是把握学生实际水平的一种重要方法。

口语报告法，是个体以口头言语的形式陈述出自己的心理活动过程及行为表现。口语报告法在研究人类内隐的心理过程中发挥着不可替代的作用。它突破了心理学传统研究中通过观察外部行为间接研究内部心理的樊篱，通过被试的出声思考，直面其思维内容和过程，捕捉其心理轨迹。

口语报告分为同时性口语报告和追述性口语报告两类。同时性口语报告即出声思维，它要求被试尽可能说出在执行特定实验任务时大脑的一切所想。对于被试在实验过程中说出的每一句话，研究者都用录像机或录音机录下来，然后把这些内容转誊为可用于进一步分析的书面文本。由于分析时需要用到经过转誊的文本数据，因而用于研究大脑思维过程的出声思维方法又可称为"出声思维资料分析法"。追述性口语报告，一般是在被试执行活动之后，马上对自己的心理活动过程进行回顾性描述。

同时性口语报告与追述性口语报告并不影响思维的序列，由于同时性口语报告中被试把内容口语化需要时间，所以会增加被试的解题时间，对于需要较长时间完成的任务而言，同时性口语报告的有效性似乎高于追述性口语报告。在评价实践中，两种类型的口语报告可以根据需要择一选用，也可以综合运用。

运用口语报告法，一般分为四个基本步骤：问题设计、口语报告与记录、口语报告的转译与编码、数据统计与分析。[①]

问题设计：根据研究的目的，设计需要被试进行思维加工的问题。这些问题应该使研究者容易控制、展开和分析，也应该使被试能根据研究者的要求，尽量简洁而完整地说出思维过程。一般来说，为了帮助被试尽快熟悉用语言报告自己的思维过程这一方式，可以先设计一两道热身性的题

---

① 李菲菲、刘电芝：《口语报告法及其应用研究述评》，载《上海教育科研》，2005(1)。

目。热身性的题目不能太难，能帮助被试把思维过程报告出来即可。

口语报告与记录：在正式实验之前，需对被试进行口语报告训练，使他们了解口语报告的操作要求，能正确报告其思维过程。研究者的指导语非常重要。同时性口语报告的一个常见范例是："请你解答这道题，在解题过程中，请你边想边大声地说出你头脑中的想法和思考步骤，注意不要解释步骤的原因。"在被试进行口语报告时，研究者最好不要发话、提问，以免打断被试的思路，并用录音机记录被试的口语报告，同时也要记录被试的特殊行为反应及其发生、持续的时间。

口语报告的转译与编码：先将被试的录音报告转化为书面文字材料，再按照语句的意义，将被试的书面报告划分为片段（根据语句反映的被试的思维主题划分，而无须考虑句子的结构、语法等问题），然后将各片段归类，用统一特定的符号进行编码，以便于研究者进行量化统计分析。研究者在设计问题时就应该确立对研究问题分类的规则和相应的符号代码，即建立编码体系。

数据统计与分析：对经过编码的口语报告中的句子进行统计分析，定量化地考察复杂认知过程机制。口语报告数据分析常用的指标有各类句子使用数目及所占百分比、各类句子所占时间百分比、各类句子在报告中的位置、行为分析图等。

下面是《在903本书里睡过觉的蚂蚁》一文中"这个故事所讲道理"这道题目的口语报告内容。

命题者：这个故事想说明什么？
学生1：阿布太做作了，一到关键的时候就会不知所措。
学生2：不能骄傲，应该谦虚。
学生3：我觉得对很多人都说的话不能随便相信，眼见为实。
命题者：看完这个故事后你收获了什么？
学生4：人不能老逞能，应该用自己的实际行动来表现自己。
学生5：我觉得就是做人不能那么虚假，欺骗别人，也欺骗自己，希望别人聘你做教授，还要靠自己的真本事。
学生1：书再多不读也没用，要多读书才能长学问。
学生6：我觉得不能摆那么虚假的样子，到最后还是要露馅儿的，要有真本事才行。
学生4：每个人不要太逞能，自己不会就是不会，要诚实。

最后，基于口语报告的分析转化选项。

命题者要对学生的口语报告进行细致的分析，只有了解学生可能达到的最高、最低以及中间水平，才能根据学生的实际编制选择题的选项。

分析学生的口语报告，我们可以看出：除学生 2 外，其他学生的理解都没有偏离文本的主旨。因此，我们把学生 2 的理解作为前结构水平的选项。学生 3 的回答只抓住了非关键性细节，以偏概全，没有真正把握文章的主旨，比学生 4 的回答更单一，因此，被作为单一结构水平的典型选项。学生 1 的回答最初有点儿偏，但他在后来的发言中用自己的语言概括了文中校长对阿布说的一句话"书再多不读也没有用"，而后又进行了推论，表明了自己的理解"要多读书才能长学问"，学生 1 能够在信息间建立一定的联系，处于多元结构水平。学生 5 和学生 6 的回答抓住了问题的实质，认为不能只追求"虚假的样子"（徒有其表），要有真才实学，对文中的信息进行了综合加工，准确、充分地理解了文本，处于关联结构水平。

经过修改后，这道题变为如下内容。

下列选项中属于这个故事所讲道理的是（　　）。
A. 不论任何时候都不应骄傲，要谦虚。（前结构水平）
B. 只有坚持认真读书，最后才能有学问。（多元结构水平）
C. 不要只追求表面的东西，要有真才实学。（关联结构水平）
D. 对一传十、十传百的事，不要轻易相信。（单一结构水平）

命题者基于 SOLO 分类理论的思想，以学生的实际表现拟订代表不同发展水平的选项，通过学生在各个选项上的表现推断其认知发展水平和语文素养发展水平，就能发挥选择反应类题目的最大测验功能。

四、建构反应类题目的开发

常见的建构反应类题目包括填空题、简答题、论述题、写作题等。这些题目往往在答案上是比较开放的，评分标准是主观性比较强的。决定这类题目质量的因素不仅包括题目本身的设计和表述，还包括答案和评分标准的制定。所以这部分将从设计有效题干和制定评分标准两方面进行说明。

（一）设计有效题干

建构反应类题目最大的优势在于给学生提供了自主建构答案的空间，可以最大限度地展现每一个学生的认知加工过程和能力发展状况。为此，建构反应类题目在题干设计上一方面要确保明确指向目标能力，另一方面要确保给学生足够的自主建构空间。

①你认为本文的主要人物是谁？请结合文本内容说明理由。

②短文为什么用大篇幅写张小明？请结合文本内容说明理由。

上面这两道题目，都和文本的主要人物有关，考查的具体指向却不一致。第一题明确要求学生回答主要人物是谁，这建立在学生掌握了主要人物这一概念，以及能够恰当地确定文本主要人物的基础上。题目重在考查学生对知识概念的掌握。第二题要求学生解释为什么用大篇幅写张小明，学生即使没有相关的知识、概念，也可以从表达效果、阅读感受的角度描述写张小明的原因。这个题目重在考查学生对语言的感受能力。从小学生的语文学习实际看，第二题更符合课程标准的相关要求。

①膝盖骨在解剖学上的名字是什么？

②举出四种热带地区常见的蚊子种类，并且讨论它们在公共健康体系中相对的重要性。

上面这两道题目虽然都是建构反应类题目，但为学生提供的思维空间是有明显区别的。第一题由于有相对固定的正确答案，因此学生的思维空间比较小。第二题给学生提供的思维空间是比较大的，允许学生呈现他们在相关问题上的不同认知加工水平。

写作部分的题目首先要保证所有的学生都有内容可写，这样才能让学生通过写作展示其运用语言文字的真实能力，文从字顺地进行表达的能力。为了让学生有内容可写，写作的题目要贴合学生的经验（包括生活经验和阅读经验），也要留有开放的表达空间。

一天，小狗淘淘走到了一个陌生的地方，它会遇到什么事情呢？请你展开想象，写一个小故事。

这是一个三年级的写作题目。一方面，题目贴近学生的生活经验和阅读经验，他们可能在生活中就有养小动物的经验，或者有看到其他人养小动物的经验，同时也会在阅读中积累大量关于小狗等动物的经验。这些经验为学生的写作提供了丰富的素材。另一方面，题目给学生提供了比较大的想象空间，学生可以自由地、开创性地展开想象，只要是有关淘淘的故事都可以写，这也为学生的写作提供了足够的空间。

小明打算竞选班长，请你替小明写一篇自我推荐稿。

这道题目提供的话题，对学生的生活经验是有一定要求的。对于那些曾经有过竞选班长经验的学生来说，他们显然比较容易找到写作的切入点和可写的内容；而对于从来没有过任何竞选经验的学生来说，表达的空间显然受到了限制。

同样是写推荐稿，下面这个题目提供的表达空间就比较充分了。

学校贴出了一张海报。请你仔细阅读，推荐你心中的"校园之星"。

"校园之星"评选活动开始啦！

一、评选目的：评选出在某一方面特别值得大家学习的同学，颁发"校园之星"奖章。

二、评选方法：请以"我选_____"为题写推荐材料，可以推荐自己，也可以推荐身边的同学。

要写出推荐的理由，并有真实可信的事例。

快来参加吧！

这个题目虽然提供的也是一个评选的情境，但由于没有规定评选的范围和方向，只要有值得大家学习的方面都可以用来评选，学生就可以从学习、生活、习惯等不同角度寻找习作素材。相较上一个题目，表达空间就更大了。

（二）制定评分标准

对建构反应类题目来说，制定的评分标准往往代表了对学生认知加工水平或能力发展水平的预期。要在题目开发的同时进行初步的设计，并且要在学生作答之后，根据学生的实际作答情况进行调整，以确保评分标准能够客观反映学生的不同发展水平。

看马戏的故事

短文大意：爷爷用省吃俭用存下的钱带我们去看马戏表演。在马戏院门口，我们遇到了兴高采烈地带着3个孩子看马戏的一家人，他们在买票时才意外发现没带够钱。爷爷故意把自己的钱掉在地上，佯装是他们的钱，捡起来还给他们，在保护一家人自尊心的同时巧妙地帮助了他们。当晚，我们虽然因钱不够没看成马戏，却很高兴。

题目：你认为文中的爷爷是个怎样的人？并简单说明理由。

评分标准及答案示例：本题观点1分，理由1分，共2分。爷爷是个乐于助人的人，因为他在自己家庭不富裕的情况下，还能主动帮助他人。意思对即可。

这是阅读文段中指向做出评价能力的一道题目，要求学生通过阅读对文中的主人公爷爷进行评价。上面将评分标准和答案示例合并在一起给出,答案示例往往在阅卷过程中变成标准答案。再加上"意思对即可"这样模糊的表达,评分者的理解往往是学生的语言表达和所给标准答案相似即可。这样的评分标准主要是指向唯一结论获得的评分标准,而不是指向关键能力的评分标准。学生如果回答"爷爷是个为他人着想、善解人意的人",这个评价本身是符合文意的,但是在这个评分标准之下,很容易被误判成错误的,因为这个表达和所给答案示例之间不具有高相似度。

经过修改,本题的评分标准和答案示例分开呈现。评分标准重在针对题目所考查的目标能力进行能力表现的描述,答案示例则尽可能给出不同可能的答案,具体表述如下。

评分标准

本题观点1分,理由1分,共2分。观点:对爷爷的评价符合文意即可。理由:能结合文本的具体内容解释即可。

答案示例

爷爷是个乐于助人的人,因为他在自己家庭不富裕的情况下,还能主动帮助他人。

他是一个为别人着想、善解人意的人,因为他能在帮助他人的同时,保护他人的自尊心。

由于评分标准明确提出"对爷爷的评价符合文意即可""能结合文本的具体内容解释即可",因此评分者在阅卷过程中能够更好地对观点和理由进行分别评价,并且对观点的包容度会从唯一答案扩大为符合文意的答案。但是,由于这个评分标准只给出了学生可能出现的最佳表现,答案示例呈现的也是最佳表现示例,因此评分者在阅卷过程中容易出现对学生的能力判断非此即彼的情况,学生要么是达到了最佳表现的水平,要么是没有达到最佳表现的水平,对学生能力发展具体水平的判断仍然不够具体。这就需要根据学生的实际表现,对评分标准和答案示例进一步细化。

评分标准

0分:未作答;或作答了,但观点完全不符合文本要表达的意思。
1分:两问中只答了一问;或只答对了一问。
2分:两问均作答了,且第一问符合文意,第二问利用文本信息恰当。

答案示例

0分:①爷爷是一个拾金不昧的人,因为别人掉了钱,爷爷主动归还。
②他是一个爱看家里小孩笑的人,也爱看其他小孩笑。

③他是一个大方的人，因为他愿意用省吃俭用攒的 100 元让别人看马戏。

1 分：①爷爷看那位先生没有钱去看马戏，就把自己的票给了他。（只答了第二问，即没有对爷爷的评价，只有事件描述，事件的描述又是符合文意的。）

②他是一个心地善良，助人为乐，无私奉献，有爱心的人。（第一问回答正确，第二问未作答。）

③爷爷是一个乐于助人、为别人着想的人，因为爷爷知道自己家里不富裕，所以就没有进去看。（第一问回答正确，第二问对文意的理解有误。）

2 分：①爷爷是一个善良的人，因为他看到别人没钱就主动把自己的钱给了那家人。

②他是一个为别人着想、善解人意的人，因为他能在帮助他人的同时，维护他人的自尊心。

③他是一个乐于助人的人，因为他在自己家庭不富裕的情况下，还能主动帮助他人。

通过根据学生的实际进行细化补充，上面的评分标准对每个分数代表的学生的能力表现进行了细致的描述，列举了具体的学生作答实例，并具体描述了评分标准中的能力表现。命题者根据这样的评分标准和答案示例，能够更加准确地判断学生的能力发展水平，也能够聚焦在要评价的目标能力上。

制定主观性试题的评分标准时，应用 SOLO 分类理论的分层思想，可以有效地提高题目对学生思维过程和思维水平的区分能力；也可以有效地减少主观题评分过程中评分者主观意识对于评价的影响，减轻评分者效应。

下面仍以《在 903 本书里睡过觉的蚂蚁》一文为例展开论述。命制题目为"这个故事讲的道理是什么"，按照传统的命题方法，如果这道题是一道 4 分的主观题，那么评分标准很可能就是：不要只追求表面的东西，要有真才实学，意思对即可。评分者在阅卷的时候就可能会根据学生表达内容的清晰程度给分：陈述得十分清楚的就得 4 分，差一点的得 3 分，照此类推。但是不论得几分的学生，都理解到了"不要只追求表面的东西，要有真才实学"这一道理，只是由于表达的限制，不同的学生表达的清晰程度也不一样。其实，我们在这个过程中评价的不仅仅是学生理解的能力，更重要的是学生表达的能力。按照 SOLO 分类理论，学生的认知发展是有层次的。的确有些学生能够把短文作为一个整体，建立起信息之间的联系，得到"不要只追求表面的东西，要有真才实学"这样的结论。但是，没有到达这个水平的学生也不是一点儿都不行，他们也有自己认知发展的水平。有的学生能联系文章中的几处信息得出结论，如"自己不会就是不会，要诚实"，这是联系短文后半部分的内容得出的结论；有的学生能联系文章的单个信息得出结论，如"书再多，没有读，也不是学问家"，这是短文中校长讲出的道理；也有的学生的答案是完全错误的，如"不应骄傲，要谦虚"，这是短文中没有涉及的道理。评分者应区分学生的认知水平，而不是表达水平，从而给不同水平的学生赋分。

命题者以 SOLO 分类理论编制建构反应类题目，就可以关注学生的思维结构水平，划分出不同层次的答案。这样，建构反应类题目的评分标准就会相对独立于知识点之外，更多地评价学生思维的深度和广度，从而既减轻主观题的评分者效应，又保证让学生可以自由发挥和表达。

（三）评分标准中的编码设计

为了增加建构反应类题目的诊断功能，更细致地描述学生在目标能力上的发展状况，我们还可以用编码的方式更加详细地标定学生的能力表现。

编码不是给学生的分数，而只是学生不同表现的代码。不同的编码最后可以根据一定的标准转化为学生的实际得分。

仍然以上面这道题目为例，题目指向两个具体的能力点，一个是观点，另一个是理由。为了更全面地把握学生在这两个能力点上的表现，可以将观点和理由设置为 2 位编码，第一位数字表示观点的质量，第二位数字表示理由的质量。在形成观点这个能力点上，学生的水平可以分为没有观点或完全错误、有观点但没有抓住人物的关键品质、有观点且抓住了人物的关键品质三种水平。这三种水平就可以分别用 1、2、3 三个数字表示。在利用文本信息给出理由这个能力点上，学生的水平可以分为不能利用文本信息或对文本信息的使用是错误的、能够泛泛地利用文本信息、能够充分利用文本信息进行解释三个层级。这三个层级也可以分别用 1、2、3 三个数字表示。由此，就可以形成如下编码组合。

第一位编码代表观点的质量，第二位编码代表理由的质量，三个数字1、2、3分别代表水平1、2、3。

11：没有观点或观点完全错误，对文本信息的理解是有错误的。

样例：①别人掉了钱，他主动归还。（钱本来就是爷爷的。）

②他是一个爱看家里小孩笑的人，也爱看其他小孩笑。

③他是一个省吃俭用的人，因为他攒了100元钱，帮助别人看马戏。

④他是一个诚实的人，因为爷爷把钞票还给了那位先生，而不是自己花，所以爷爷是个诚实的人。

12：没有对爷爷的评价观点或观点错误，有对事件的描述，对事件的描述又是符合文意的。

样例：爷爷看那位先生没钱去看马戏，就把自己的票给了他。

21：有观点但没有抓住人物的关键品质（评价中出现如下词语或意思：伟大、无私、很好、善良、有爱心、爱奉献、关心孩子等），没有利用文本信息解释理由或对文本的理解是错误的。

样例：①爷爷是一个有爱心、高尚的人。

②文中的爷爷是个好人，大家都叫他爷爷，都喜欢爷爷，爷爷爱我们的国家和小朋友。

③他是一个很好的人，因为他把自己的钱给了别人买票。

31：有观点且抓住了人物的关键品质，没有利用文本信息解释理由或对文本的理解是错误的。

样例：①他是一个心地善良，助人为乐，无私奉献，有爱心的人。

②爷爷是一个助人为乐的人，我们要向文中的爷爷学习这种乐于助人的品质。

③爷爷是一个乐于助人、为别人着想的人，因为爷爷知道自己家里不富裕，所以就没有进去看。

④他是一个助人为乐的人，因为他愿意不让自己玩，让别人玩。

22：有观点但没有抓住人物的关键品质，能够泛泛地利用文本信息进行解释。

样例：①他是一个善良的人，因为他帮助了别人。

②他是一个好人，那位父亲当然知道原因。（文中第十段。）

23：有观点但没有抓住人物的关键品质，能够充分利用文本信息进行解释。

样例：①爷爷是一个善良的人，因为他看到别人没钱就主动把自己的钱给了那家人。

②爷爷是个乐于助人的人,在别人遇到困难的时候,去帮助别人,让别人快乐,自己也会快乐。

33:有观点且抓住了人物的关键品质(评价中出现如下词语或意思:为别人着想、善解人意、乐于助人、帮助),能够充分利用文本信息进行解释。

样例:①他是一个为别人着想、善解人意的人,因为他能在帮助他人的同时,维护他人的自尊心。

②他是一个乐于助人的人,因为他在自己家庭不富裕的情况下,还能主动帮助他人。

评分者根据这样的编码进行阅卷,就可以根据学生所得的编码获得他们在做出评价这个能力上的具体发展状况。当然,编码可以按照一定的规则赋分,例如,上面的11并不是11分的意思,而是可以根据实际评分需要赋0分。

在评分标准中进行细致的编码,还可以对学生的思维发展状况进行诊断分析,如上文提到的乘公交车的这个题目。

根据下面的公交站牌及文字回答问题。

公交车是我们最常用的一种交通工具,学会看公交站牌是快速出行的保障。

上面是8路公交车的站牌。其中,"密云→怀柔",表示这路车是从密云出发开到怀柔的,途中会依次经过十里堡、北房、庙城、大辛庄四个站点。一般来说经过的站点越多,所需的时间就越长。首班车时间是指最早一班车的发车时间,这路车的最早一班车的发车时间是6:50;末班车时间是指最晚一班车的发车时间,这路车的最晚一班车的发车时间是22:00。

小芳家住永兴镇。周日,她和同学约好7:30出发去百花山,希望尽可能多玩一会儿。请你仔细观察下面几个站牌,帮她选择最恰当的一路汽车。

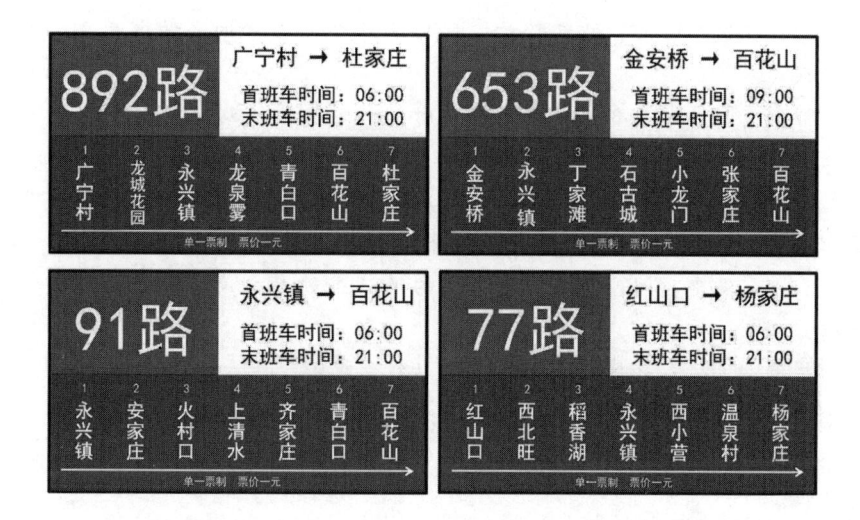

第五章 小学语文纸笔测验工具的开发　　103

892路 广宁村 → 杜家庄 首班车时间：06:00 末班车时间：21:00 1广宁村 2龙城花园 3永兴镇 4龙泉雾 5青白口 6百花山 7杜家庄 单一票制　票价一元	**653路** 金安桥 → 百花山 首班车时间：09:00 末班车时间：21:00 1金安桥 2永兴镇 3丁家滩 4石古城 5小龙门 6张家庄 7百花山 单一票制　票价一元
91路 永兴镇 → 百花山 首班车时间：06:00 末班车时间：21:00 1永兴镇 2安家庄 3火村 4上清水 5齐家庄 6青白口 7百花山 单一票制　票价一元	**77路** 红山口 → 杨家庄 首班车时间：06:00 末班车时间：21:00 1红山口 2西北旺 3稻香湖 4永兴镇 5西小营 6温泉村 7杨家庄 单一票制　票价一元

小芳应该乘坐的是_____路汽车，选择这路汽车的原因是_____
_____。

从学生的认知加工过程来看，这道题目的第一个空相当于认知加工的结果，第二个空则相当于对自己的认知加工过程进行的解释。为了解学生在认知加工过程中处理了哪些方面的信息、他们认知加工的复杂程度，这道题目可以进行如下编码。

第二空编码含义：正确回答本题共需考虑三个因素，分别为发车时间、站点数量、目的地三个因素，编码的第一位即表示考虑了几个因素，第二位即表示考虑过程是否正确。

00：未作答。

01：答了，完全错误。

样例：①因为可以多玩会儿。

②误将其他阅读题答案填写在这里。

10：在发车时间、站点数量、目的地三个因素之间，仅考虑一个，但考虑错误。

样例：这路通过这四个站点。

11：在发车时间、站点数量、目的地三个因素之间，仅考虑一个，考虑正确。

样例：选择892/91路，因为发车时间早。

20：在发车时间、站点数量、目的地三个因素之间，考虑两个，但考虑错误。

样例：①选择653路，因为节省时间，又能快速到百花山和同学一起去玩。

②653路，小芳和同学约好7：30出发，他们还说尽可能多玩一会儿，首班车是9：00，所以时间够他们坐车。

21：在发车时间、站点数量、目的地三个因素之间，考虑两个，考虑正确。

样例：①从永兴镇经过三站就可以到百花山。

②坐892路，因为这辆公交车只要两站就到百花山了。

30：在发车时间、站点数量、目的地三个因素之间，全部考虑，但考虑错误。

样例：选择892路，892路汽车离永兴镇较近，也离百花山较近，它们相距两站。

31：在发车时间、站点数量、目的地三个因素之间，全部考虑，考虑正确。

样例：①坐892路，因为77路不到百花山，不能乘坐，653路9：00出发，太晚了，小芳7：30要出发，不能坐，因为91路比892路坐的时间长，所以坐892路。

②坐892路，因为它6：00就发车了，而且中间有一站是小芳住的永兴镇，终点是小芳要去的百花山，中间停的次数也少。

评分者如果按照如上编码进行评分，就可以从编码推断出学生在认知加工过程中思考了哪些方面的因素，这些因素的加工质量如何，从而对学生的思维发展水平做出判断。

（四）制定作文评分标准

另外，作文部分除了命制题目外，制定评分标准也是十分重要的一项工作。清楚的评分标准是保证作文评价功能充分发挥的必要保障。

1. 选择评分方法

一般来说，常见的作文评分方法主要可以分为两种：分项法和整体法。分项法指的就是把一篇作文分解为若干要点，如内容、结构、文章连贯性、语法、词汇等，不同的要点也可做不同的加权处理，各要点得分的总和即全篇得分。分项法因为分别从几个方面对学生的作文进行评价，所以能提供给学生的反馈信息更为丰富，但是较整体法需要花费更多的时间和人力。整体法指的是让训练有素的评分者对待评阅的作文通读一遍或几遍，然后参考一定的评分标准，根据这篇作文给评分者留下的整体或笼统印象，给出一个分数或者等级。一般情况下，高考、中考采用的都是整体法对作文进行评价，这样的评价方法具有速度快的优点，但是能够反馈给学生的信息却相对少。很多学生之间的差异都被相同的分数掩盖了。如40分满分的作文，两个学生都得了35分，代表的含义是不一样的：可能一个学生的内容组织表现好，另一个学生的语言表达突出。整体法恰恰抹杀了两者之间的差异。

由于学业质量分析是为了分析学生的学习情况，为改进教学提供线索，所以在学业质量分析中选择分项法进行作文评分往往有利于提高反馈信息的充分程度。需要注意的是，为了确保切实达到分项评分、分项诊断的目的，在评分过程中就不能再对学生的一个问题交叉扣分，不管这个问题对整篇作文来说是多么致命的问题。如学生在选材上出现了问题，整篇作文都跑题了，按照分项评价的原则，只能在选材这一项上扣分，在其他方面是不能连带扣分的。所以学生在语言表达、结构安排等项目上仍然可能获得比较高的分数。不交叉扣分是为了更加客观地反映学生在作文各个关键能力上的具体发展状况，将对作文的整体印象带入分项评价，就会造成对学生的具体发展状况诊断不够准确的情况。

2. 确定评分要素

在分项评价中，争论比较多的一个问题是要关注学生在哪些关键要素上的表现。

章熊先生曾主持高考语文命题工作，并领导了教育部考试中心"大规模考试作文评分误差控制"课题组，编写了1949年以来第一部大规模考试的作文评分参照量表——高考作文能力要求及评分要求参照量表。他将内容、语言和结构作为作文评估的三大基本因素，并提出根据试题的具体特点，还可以有一些其他因素。具体三个因素的评价要求如下（如表5-2所示）。

表 5-2　章熊主持提出的高考作文评价框架[①]

内容	中心	①基本要求：是否有中心及中心是否明确 ②质量要求：a. 针对现实的优于泛泛而谈的 　　　　　　b. 概括性、综合性、理论性程度高的优于就事论事的 　　　　　　c. 想象与联想丰富的优于贫乏的
	材料	①基本要求：材料与中心是否一致 ②质量要求：a. 材料的典型性 　　　　　　b. 材料的现实性 　　　　　　c. 材料的新颖性
语言		①基本要求：简明、连贯、得体 ②质量要求：a. 文字简洁，语句清晰，少冗余信息 　　　　　　b. 语脉贯通，句序合理，有衔接过渡与呼应性语言 　　　　　　c. 注意场合、对象、情境、表达方式等语境条件的要求，用语恰当 　　　　　　d. 追求语言风格的多样化
结构		①基本要求：逻辑清晰 ②质量要求：a. 合理划分段落 　　　　　　b. 根据中心需要或按逻辑顺序排列段落 　　　　　　c. 对段落进行技巧性处理，注意分段的衔接、过渡、前后呼应或其他特殊处理

到目前为止，这三个作文要素仍然是我国作文评价关注的主要内容。

除了我国学者的研究外，国外一些评价项目对学生作文的评价结果也能给我们带来一些启发。如美国俄勒冈州"西北地区教育实验室"提出的"6＋1"要素作文评价框架就是其中之一。

"6＋1"要素作文评价框架是按照作文的六个基本特征进行评价的，即想法和内容、组织、口吻、措辞、流畅、惯例。近几年又增加了一个要素——呈现，这主要是针对计算机测验时，学生对页面的排版、颜色的设计等能服务于主题的评价。

"想法和内容"关注的是文章的核心，主要内容、主题、细节能丰富和拓展主题。如最高分 5 分的标准是主题集中，行文明晰，能吸引读者。具体表现为事件或细节具体而充实；题目集中，便于把握；有相关的、生动的、优质的细节；准确合理，主题新颖、独创；预想并回应了读者的问题；有洞察力。

[①] 章熊：《写作能力的衡量（上）——大规模考试作文评分研究系列之四》，载《中学语文教学》，1994(9)；《写作能力的衡量（下）——大规模考试作文评分研究系列之五》，载《中学语文教学》，1994(10)。

"组织"关注的是内在结构、意思的中心线索、逻辑性和能否引人入胜。如最高分5分的标准是有组织结构;能突出中心;开头吸引人,中间过渡自然,结尾给人以结束的感觉等。

"口吻"关注的是通过迷人的想法、生动的语言和展示细节来展示作者独特的思想。如对3分的描述是内容读起来是真诚的,但没有完全地投入;作品是让人愉快的甚至是比较文雅的,但不能引起读者的兴趣。

"措辞"关注的是通过丰富多彩和准确无误的语言来启发读者。如最高分5分的标准是语言具体且准确,很能吸引读者的眼球;使用自然的、有效的和恰当的语言;动词生动活泼,名词和修饰语准确具体等。

"流畅"关注的是流动的节奏和完整的句式,写作不仅要用眼睛看,而且要用耳朵听。如最高分5分的标准是句子能增进意义的表达且结构有长短变化、句子有目的、开头变换多样。

"惯例"关注的是文章正确性、书写、语法、用途、段落和标点。如最高分5分的标准是书写正确、标点符号正确等。

与我国学者主要从主旨、内容、结构和语言表达等方面对作文进行评价相比,"6+1"要素作文评价框架最大的特点是将想法与内容合二为一,淡化了对主旨的要求,从读者的角度提出了是否能够吸引读者,预想并回应读者的问题等要求。这样的理念与NAEP写作评价框架中注重写作目的对写作过程的影响的理念基本一致。

NAEP写作评价框架将写作视为与他人进行沟通交流的方式,强调写作的交际目的与读者的重要性。主要评价三种写作目的下的写作能力,即以说服为目的的写作、以解释为目的的写作和以传达经验为目的的写作。

NAEP写作评价框架强调"写作即交流",即作者与目标读者之间的交流,在写作能力目标方面,主要关注三个方面的能力:一是发挥想象力进行创作的能力,二是使用电脑软件进行创作的能力,三是按具体要求完成写作任务的能力。

NAEP写作评价框架如下。①观点的发展。为了与他人进行交流,写作者需要充实自己的观点,避免浮于表面。②观点的组织。组织是指为了连贯地表达读者能够理解的观点而对句子和段落进行的逻辑安排。③语言能力和使用规范。语言能力是指写作将想法传递给读者时的文体有效性和语法清晰性。[1]NAEP写作评价框架的能力指标具体见表5-3。

---

[1] 董书婷、刘正伟:《美国〈2017年NAEP写作评估框架〉述评》,载《上海教育科研》,2020(2)。

表 5-3　NAEP 写作评价框架的能力指标

评价标准		具体描述
观点的发展	深度和复杂性	成功的写作者会通过展示洞察力、理解力和知识的丰富性来显示文本的深度和复杂性
	思考和写作的方法	在这一方面，写作者具有很大的选择空间
	细节与示例	优秀的文本的细节与示例是令人信服的
观点的组织	文本结构的逻辑性	优秀的写作者能有逻辑地组织观点、设计结构
	连贯性和相关性	优秀的文本是条理清晰的，其观点、细节和例子与写作的目的、主题和读者相关
语言能力和使用规范	句子结构和多样性	优秀的写作者能够精心设计句子的结构和展示句子的多样性
	单词选择、语音和语调	成功的写作者能够有效地选择词语以清晰地表达想法，并根据写作背景有意地转换风格和语言。有两种方式实现这个目标：①语音，即利用语言去表达个性或态度的能力；②语调，即写作者对主题或读者的态度
	语言使用规范	语法是根据给定的内部规则对一种给定的语言进行排序的系统，使用规范是指通常用于交流的书面语言的既定规范；机制是指大写、标点和拼写的使用规范。优秀的写作者能够熟练掌握以上内容

　　将上面两个国际写作评价框架所描述的关键能力与我国的作文评价框架所描述的关键能力比较分析可以发现，大部分的项目是一致的。相比而言，我国的评价框架更重视感情（真挚）和审题立意，NAEP 写作评价框架更强调完成特定的交际目的，"6＋1"要素作文评价框架则突出了写作过程中的读者意识。

　　在具体的习作评价中，命题者可以根据评价目的，选择、确定要聚焦的关键能力，建构起作文部分的评分要素。

　　3. 细化评分标准

　　从目前作文评价的主要做法看，往往提供的都是比较概括的评分标准，举例如下。

　　一类文（27～30）：切题，中心明确，内容具体，层次清楚，语句通顺，标点使用比较正确，错别字少，卷面整洁。

　　二类文（24～27）：切题，中心明确，内容比较具体，层次较清楚，语句通顺，标点使用比较正确，错别字少，卷面整洁。

三类文（18~24）：基本切题，中心基本明确，内容欠具体，层次不够清楚，语句基本通顺，标点使用大体正确，错别字多。

四类文（12~18）：不合题意，中心不明确，内容很不具体，层次不清，语句不通，标点错误和错别字多。

五类文（0~12）：内容有错误，语句表达很差，不会使用标点，错别字很多。

评定参考：错别字每个扣0.5分，扣足5分为止；标点错误每个扣0.5分，扣足3分为止；卷面太乱，字迹潦草酌扣1~2分。

在这样的作文评价标准中，有很多"较具体""基本明确""基本通顺"之类的话，但是它们和"具体""明确""通顺"之间的区别到底是什么呢？评价标准没有明确说明。容易造成评分者之间理解的差异，从而导致误差的出现。所以，命题者一方面需要细化评分标准为学生可观测的典型行为表现描述，另一方面需要提供充分的作答样例，帮助评分者统一对各个水平的理解。

仍然以"6+1"要素作文评价框架为例，该框架在提出评价要素的基础上，还详细描述了每一方面的关键问题和可能的水平；并且在网上提供大量评分参考样例，供评分者练习把握标准，供家长、学生熟悉评分标准；可操作性强，能满足不同人群的需要，为教师、学生、家长提供标尺，便于形成共识。

"想法和内容"关键问题：作者是否关注和分享原创的、新颖的信息或观点

5分：主题集中，行文明晰，能吸引读者；事件或细节具体而充实。

A. 题目集中，便于把握

B. 有相关的、生动的、优质的细节

C. 准确合理，主题新颖独创

D. 预想并回答了读者的问题

E. 有洞察力

3分：作者有意识去限制话题，尽管仍停留在基础和一般的水平。

A. 主题相当宽泛

B. 有支持性的材料

C. 想法合理清晰

D. 作者在从一般观察到具体准确地提炼材料方面上还有一定困难

E. 读者还有一些疑问，需要更多信息

F. 作者仍停留在一般的话题上

1分：文章还没有明确的目的或中心，读者需通过粗略或缺少的细节进行推断才能了解。

A. 作者还停留在搜索话题阶段

B. 信息有限或不清晰，没有展开

C. 主题只是对问题的简单重述或简要地回答问题

D. 作者还没有开始界定话题

E. 重点不突出，一切似乎都很重要

F. 文章重复，互不联系，包含了很多随意的想法

上面是"6+1"要素作文评价框架针对第一个要素"想法和内容"对关键问题及水平的描述。评分者根据这个关键问题就可以明确阅卷过程中主要关注的问题，同时根据5分、3分和1分的水平描述也可以大体了解不同水平学生的表现。每个水平下面还给出了A至F不等的水平特征描述，帮助评分者进一步明确每个水平的关键表现，提高评价的客观性，克服阅卷过程中的评分者效应问题。同时，该评价框架还提供了大量的评分参考样例，供评分者练习把握标准，供家长、学生熟悉评分标准。

NAEP写作评价框架也同样在评分要素的基础上给出了具体的关于水平表现的描述。每一级水平可能包括提及的一个或多个具体特征（如表5-4所示）。

表5-4 NAEP写作评价框架对四年级、八年级不同写作水平的描述

水平	四年级	八年级
优秀的	能叙述一个具有相关细节描写的和连贯的情节的故事	能描述一个清晰的、完好的、逐步展现的故事，并有精心选择的细节描写
	描写的事情相互联系，并有过渡、转折，能连成一个故事	内容组织完好并有强有力的过渡
	运用了各式各样的句子结构，展现了明确的选择词语的能力	运用了各式各样的句子结构，展现了很好的选择词语的能力
	展现了对句间关系的掌握能力，语法、拼写及写作手法的错误不妨碍理解	语法、拼写及标点符号的错误很少，不妨碍理解

续表

水平	四年级	八年级
纯熟的	叙述了一个清晰的、具有许多情节的故事，有相关的细节描写	叙述了一个逐步展现的、清晰的故事，局部有细节描写
	故事中描写的事情相互联系，可以缺少过渡	组织结构清晰，但可能缺少过渡，在连贯性方面可能有侧面的失误
	运用了许多变化的句子结构，展现了明确的选择词语的能力	运用了许多变化的句子结构及很好的词语
	大体上展现了对句间关系的掌握能力，语法、拼写及写作手法的错误不妨碍理解	语法、拼写及标点符号的错误不妨碍理解
充分的	叙述了一个条理清楚的、具有较少情节的故事，有几处细节描写	叙述了一个配合细节描写的、逐步展现的、清晰的故事
	描述的事情大体相关，内容可以稍离题或相互矛盾	故事的各个部分大体上是相关的，但几乎没有过渡
	大体上具有使用简单的句子、选择合适的词语的能力，对句间关系的掌握能力处于不平衡的水平	展现了对句间关系和句子结构的掌握能力，但所用的句子和词语可能是简单且没有变化的
	具备很多完整、清楚、表达明确的句子，语法、拼写和写作手法的错误大体上不妨碍理解	语法、拼写及标点符号的错误不妨碍理解
不平衡的	努力叙述一个故事，但只能叙述局部、列出大纲或者列出一些句子	努力去叙述一个故事，但故事的某些部分是不清晰的，发展脉络不明晰，只列出句子、重复叙述，或者只是文章的开头写得较好
	故事缺少清晰的发展脉络，基本原理不可以组合或没有次序	结构不平衡，文章的某些部分之间可能没有相关性
	对句间关系的掌握能力处于不平衡的水平，会选择不正确的词语	对句间关系及句子结构的掌握能力处于不平衡的水平，可能选择了许多不正确的词语
	语法、拼写及写作手法的错误有时候会妨碍理解	语法、拼写及标点符号的错误有时会妨碍理解

续表

水平	四年级	八年级
不充分的	努力去写，但只能写一个故事的片段或是反复叙述一件事情	努力叙述一个故事，但可能只完成一个片段，对故事展开的叙述非常不充分
	结构非常乱或内容太简略而无结构可言	故事通篇的组织结构非常乱或者太简短不能从中发现结构
	对句间关系及句子构成的掌握能力较差，选择的大多数的词语是不正确的	对句间关系及句子构成的掌握能力处于最低水平，选择的词语通常是不正确的
	拼写不正确，缺少词语，词语顺序不正确，语法、拼写及写作手法的错误非常多，严重影响理解	语法不正确，缺少词语，选择的词语、词语顺序不正确，拼写及标点符号的错误妨碍理解
令人不满意的	努力去写，但只能解释提示或内容太简短	努力去写，但只能提供很少的或者没有连贯性的内容，又或者仅解释了提示
	没有展现对组织结构的掌握能力	没有明显的组织结构，文章由单一的陈述内容组成
	没有展现对句子构成的掌握能力，选择的词语也是不准确的	完全没有掌握句间关系及句子结构，在多数或所有的文章中选择的词语可能是不正确的
	拼写不正确，缺少词语，词语顺序明显不正确，语法、拼写及写作手法的错误严重妨碍理解	大部分语法、词语、词语顺序是不正确的，拼写及标点符号的错误严重妨碍理解

为了降低主观性试题评价的评分者效应，提高作文评价的准确性和客观性，除了制定详细的作文评价标准，以及对每个分项可能出现分数的水平特征进行描述外，还要在测验之后，从学生的实际作品中选取充分的样例文，结合样例帮助评分者统一标准。

小链接

敌人派

[美] 德瑞克·莫森

这是一个完美的夏天，直到杰里米·罗斯搬到我最好的朋友斯坦利隔壁。我不喜欢杰里米。他开了个派对，我都没被邀请，但我最好的朋友斯坦利却去了。

我从来没有敌人，直到杰里米搬到附近。爸爸告诉我，当他像我这么大的时候，他也有敌人，他知道摆脱他们的办法。

爸爸从一本食谱中抽出一张破旧的纸。

"敌人派。"他高兴地说。（派：音译词，一种带馅的西式点心。）

你可能在想敌人派到底是什么。爸爸说这个食谱是个秘密，他甚至不能告诉我。我求他告诉我一些事——任何事都可以。

"汤姆，我告诉你，"他对我说，"敌人派是已知的摆脱敌人最快的方法。"

我可以把什么恶心的东西放进敌人派呢？我给爸爸带了蚯蚓和石头，但他马上把它们送回了原地。

我出去玩了。我一直在厨房里听到爸爸的声音。毕竟，这可能是一个很棒的夏天。

我试着想象敌人派会有多难闻。但我闻到了很香的味道。据我所知，它是从我们的厨房飘来的。我很困惑。

我进去问爸爸怎么了。敌人派不该闻起来这么香。

但爸爸很聪明，他说："如果它闻起来很难闻，你的敌人就不会吃它。"我看得出他以前做过这种派。

烤箱的蜂鸣器响了。爸爸戴上手套，拿出了派。它看起来很好吃！我开始明白了。

但是，我仍然不确定这个敌人派是如何发挥作用的。它究竟能对敌人做什么？可能会让他们的头发掉下来，或者让他们得口臭？我问爸爸，但他没回答。

当派冷却的时候，爸爸给我布置了任务。

他低声说："为了让它发挥作用，你需要和你的敌人共度一天。更糟的是，你必须对他好。这不容易。但这是敌人派发挥作用的唯一办法。你确定要这么做吗？"

我当然要。

我只需要和杰里米共度一天，他就会离开我的生活。我骑着自行车去了他家，敲了敲门。

当杰里米打开门时，他似乎很惊讶。

"你能出来玩吗?"我问。

他看上去很困惑。他说："我去问我妈妈。"然后他手里拿着鞋子出来了。我们骑了一会儿自行车，然后吃午饭。午饭后我们去了我家。

很奇怪，但我和我的敌人玩得很开心。我不能告诉爸爸，因为他已经努力地做了派。

我们一直玩到爸爸叫我们吃饭。

爸爸做了我最喜欢的食物。这也是杰里米最喜欢的！也许杰里米并不是那么坏。我开始想也许我们应该忘记敌人派。

"爸爸，"我说，"有个新朋友真是太好了！"我想告诉他杰里米不再是我的敌人了。

但爸爸只笑着点了点头。我觉得他以为我只是假装的。

但晚饭后，爸爸把派拿出来了。他洗了三个盘子，一个递给我，一个递给杰里米，还有一个留给了自己。

"哇！"杰里米看着派说。

我慌了。我不想让杰里米吃敌人派！他是我的朋友！

"别吃了！"我叫道。"这派有问题！"

杰里米伸到嘴里的叉子停了下来。他滑稽地看着我。我松了口气。我救了他的命。

杰里米问道："如果有问题，那你爸爸为什么已经吃了一半？"

果然，爸爸在吃敌人派。

"好东西！"爸爸咕哝着。我坐在那里看着他们吃饭。他们两个都没掉头发！似乎很安全，所以我尝了一下。太好吃了！

吃完甜点后，杰里米邀请我第二天早上来他家。

至于敌人派，我还是不知道怎么做。我仍然想知道敌人是否真的讨厌它，或者他们的头发会因此脱落，也会得口臭。但我不知道我是否会得到答案，因为我刚刚失去了我最好的敌人。[1]

1. 当汤姆第一次闻到敌人派的味道时，他感觉如何？解释他为什么有这种感觉。

评分标准及答案示例

2分：这一反应表明，汤姆感到困惑，因为他认为敌人派应该很难闻，或者汤姆感到惊讶，因为他爸爸做的派（实际上）闻起来很香。

注意：学生可以用多种方式表达汤姆困惑或惊讶的感觉。

例如：困惑，因为他认为这是用恶心的东西做的；

他不明白，它的味道应该很糟糕；

---

[1] 本文根据《敌人派》的英文原著翻译、改编。Derek Munson, *Enemy Pie*, San Francisco, Chronicle Books LLC, 2009.

他感到不确定,敌人派应该闻起来很难闻;

很惊讶,因为它闻起来真的很好。

1分:这一反应表明,汤姆第一次闻到敌人派的味道时感到困惑或惊讶,但没有解释原因。

例如:困惑,他想知道发生了什么事。

又如:回答解释说,汤姆没有闻到他认为敌人派应有的味道,却没有描述他的感受——敌人派不该闻起来这么香;

他以为派会闻起来很难闻;

他认为它会闻起来很难闻,但没有。

0分:这一反应既没有提供适当的感觉,也没有提供解释。

例如:他闻到了一股很好的味道(请注意,这一答复没有描述感受或给出一个清晰的解释说明为什么汤姆感到困惑);

他觉得饿了。

2. 汤姆的爸爸是什么样的人?举一个例子,说明他在故事中所做的事情。

评分标准及答案示例

2分:这一反应描述了汤姆爸爸的一个可信的性格特征,这是他在故事中扮演的核心角色(如乐于助人、关心他人、善良、聪明、狡猾、神秘)。此外,这一反应表现了汤姆爸爸的行为,这是性格特征的证据。

注意:特征可以表示为更长的描述,而不是一个词。

例如:他很关心,因为他想帮助他的儿子交朋友;

他很聪明,他找到了一种让孩子们互相喜欢的方法;

他是那种保守秘密的人,他阻止汤姆发现敌人派只是个普通派,他很好,他想让汤姆和杰里米相处;

汤姆爸爸很善良,他想到了一个让他儿子交朋友的计划。

1分:这一反应提供了汤姆爸爸的一个可信的性格特征,这是他在故事中扮演的核心角色(如乐于助人、关心他人、聪明、狡猾、神秘)。特质可以用较长的描述来表达,而不是用一个词来表达。

例如:他很关心人;

他很好;

他是个好人;

他是个好爸爸;

他关心他的儿子;

他想帮助汤姆;

他很聪明，他做了一个派。（请注意，"他做了一个派"并不是表现汤姆爸爸是聪明的人的恰当例子。）

0分：这一反应没有提供汤姆爸爸性格的适当描述。这一反应可能提供了汤姆父亲的一般性格特征，但没有得到文本的支持，或者一个模糊的描述，表明对故事的理解有限，没有进一步的文本支持。

例如：汤姆爸爸很刻薄；

他很困惑（请注意，这个答复描述了故事中的汤姆）；

他是个厨师，他烤了个派。（请注意，"他是个厨师"不是对一个人物的描述。）

又如：这一反应可能提供了汤姆爸爸的行为，而没有提供一种性格特征——

他让汤姆认为敌人派会起作用；

他把食谱保密；

他让汤姆和杰里米一起玩。

五、有效开发题组

（一）整体进行题组设计

试卷中的题目并不是孤立存在的。命题者在进行命题设计时，可以适当考虑题目之间的联系，通过成组设计的题目拓宽考查的覆盖面。

如积累部分考查读准字音能力的选择题设计，一共四道选择题，采用每道题目考查一个能力点的方式命题如下。

下列每组词语中都有一个带点字读音是错误的，把它选出来。

(1) A. 涨(zhǎng)潮　　B. 露(lù)水　　C. 湖泊(bó)　　D. 似(shì)的

(2) A. 潜(qián)水　　B. 结束(sù)　　C. 膝(xī)盖　　D. 疾(jí)病

……

这种命题方式，整道题都指向同一个目标点。如第一题都指向多音字，四个选项都是学生易错的多音字。第二题都指向常见的误读音，四个选项都是常见的误读音。这种方式，在一套测验卷有限的空间里，多音字、常见的误读音和方言每个能力点只能考查一两道题目。而当一个能力点上考查的题目越少，对学生能力判断的准确性越低。

采用题组设计的办法命题举例如下。

下列每组词语中都有一个带点字读音是错误的，把它选出来。

1. A. 邮票(yóu)　B. 热闹(rè)　C. 看守(kàn)　D. 流露(lù)

2. A. 虽然(suī)　B. 画册(cè)　C. 处理(chǔ)　D. 涨潮(zhàng)

这种命题方式，将每道题目的每个选项分别设计成针对一个目标能力，四个选项分别代表基础字、多音字、常见的误读音和方言四个内容（如表 5-5 所示）。四道题目统整下来，每个能力点都考查了四遍甚至更多，大大提高了对学生能力判断的准确性。

表 5-5　题组设计示例

题号	选项			
	A	B	C	D
1	多音字	方言	基本字	误读
2	方言	误读	基本字	多音字
3	基本字	多音字	方言	误读
4	多音字	基本字	误读	方言

（二）整体设计题目梯度

要想通过一组题目的测验反映学生达成教育目标的不同程度，就要保证题目之间是有梯度的，题目本身是允许不同水平的学生给出不同的答案的，这样才能让处于不同水平的每个学生都有表现的空间，让题目反映每个学生学习中存在的不足。

题目之间的梯度可以根据双向细目表的设计来实现。对于考查同一个内容的题目，应尽量避免简单重复的考查要求，尽可能地提供具有不同水平级别的多个要求，以对学生的学习进行客观的诊断。

如同样是考查读准字音，可以分别考查多音字的读音、常见的误读音和方言三个内容，这样的题目设置可以有效地反映学生对字音的掌握情况，有利于对学生的学习做出有针对性的反馈。还有同样是考查理解词义，但是对理解字义的水平要求不同，有要求分辨词义间较明显差别的题目，有要求分辨词义间细微差别的题目，也有要求在较简单的语境中恰当运用的题目，不同水平的题目反映了对于理解字义能力要求的不同梯度，有利于通过学生在题目上的表现分析他们在理解词义上存在的问题，指导他们今后的学习。

要通过测验为学生提供反馈信息，除了题目之间要有明确的梯度外，题目本身也应有一定的空间，允许不同水平的学生做出反应，以通过一道题的测验对所有学生在测验点上的发展状况做出诊断。这就要求题目本身具有明确的层次水平。

六、基于数据修改题目

为了保证编制试题的质量，一般要对编制好的试卷进行专家外审评价。对于涉及利害的评价测验，还要进行小规模的预测验，对测验的数据进行分析，根据分析的结果调整、修改试题。

以下面这道题目的修改过程为例。

下面四项中含有错别字的一项是（　　　）。
A. 洪水　　　B. 富强　　　C. 艰苦　　　D. 玩皮

这是三年级的一道考查字形的题目，命题者对预测验的结果做了如下分析（如表 5-6、图 5-2 所示）。

表 5-6　经典测验分析数据（修改前）

区分度	难度	各选项所占人数比例				
		A	B	C	D	M[①]
0.46	0.69	3.54	15.55	8.66	68.70	3.55

经典测验分析主要提供了区分度、难度和各选项所占人数比例的数据。数据显示，这道题的区分度为 0.46，能够有效地区分不同水平的学生。但是难度略大，为 0.69。再具体看各个选项的比例分布，主要是干扰项 B 的干扰度过大，有 15.55% 的学生错误地选择了 B 选项。从项目特征曲线看，图 5-2 中的实线代表理论假设表现，虚线代表实际表现。两条线之间还是有比较大的差异的。

[①] M 代表多选，下同。

第五章 小学语文纸笔测验工具的开发　119

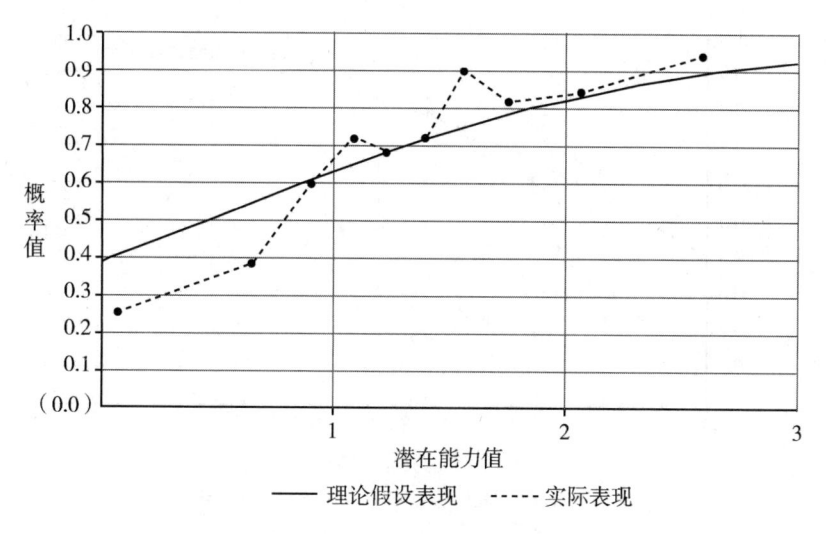

图 5-2　题目修改前的项目特征曲线

预测验的数据提供了题目修改的线索。反映题目难度略大、学生的实际表现与理论假设的拟合度不够的数据提示我们本题可能是存在问题的。选项 B 上选择的人数过多再次提示问题可能出在选项内容的设计上。根据这些线索，就可以反观 B 选项的设计是否真的存在问题。"富强"一词主要考查的是"富"的字形，所选用的这个词语"富强"为书面语。三年级的学生对这个词比较陌生，可能因为不了解词语的意思导致无法判断字形是否正确。由此，命题者对题目进行了相应的修改，将"富强"改为"丰富"，考查的目标字"富"不变，但词语是学生更加熟悉的，避免了不理解词语意思的问题。

修改之后，本题的数据如表 5-7、图 5-3 所示。

表 5-7　经典测验分析数据（修改后）

区分度	难度	各选项所占人数比例					
		A	B	C	D	M
0.46	0.81	3.77	3.58	11.10	80.53	1.02

从修改后的数据看，题目的难度、区分度都比较合适，并且学生的实际表现与理论假设表现的拟合度比较高。

当然，预测验数据提供的只是修改题目的线索，是否修改题目还要根

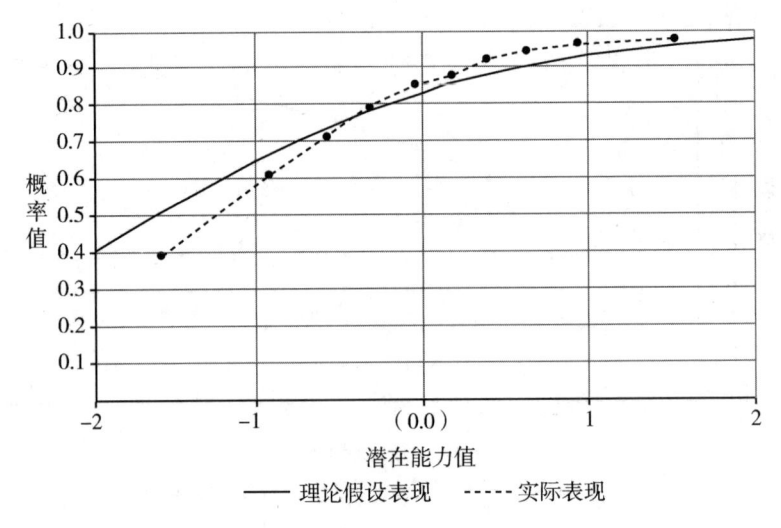

图 5-3 题目修改后的项目特征曲线

据题目考查的功能设定、目标能力的难度要求、学生的实际能力发展状况等因素综合考虑。如考查基本字的识记认读的题目，难度一般都不会太高，区分度一般都会较低。这样的题目虽然在数据上不够理想，但也是可以不做修改的。

第三节 测验题目开发实例

下面，以一篇六年级阅读题目为例，呈现测验工具的开发过程。

一、测验材料的选择与修改

根据六年级学生的阅读能力发展实际，命题者初步选择了下面这篇文章。这篇文章约 700 字，长度适中；从整体上看，语言表达流畅且富有一定的文学色彩，篇章结构比较清楚，难度适当；内容主要在于描写春天，符合大多数学生的既有经验；文段有留白，有足够的命题空间。

春天的脚步

佟晨绪

春天是什么？宋祁说，春天是"红杏枝头春意闹"的胜景；韩愈说，春天是"百般红紫斗芳菲"的画卷；周邦彦说，春天是那一方"新绿小池塘"的幽雅；贺知章说，春天是那"万条垂下绿丝绦"的轻柔……

春天是雨的季节。春雨是柔和的，像小姑娘般矜持，不曾有倾盆之势，但绵长滋润。她无声无息地来到树梢、路面和人们的衣服上……她就这样轻悄悄地来到了人们的身边。春雨过后，一切都显得那么素雅、洁丽。

春天是花的天堂。各色各样的花争先恐后绽放，似乎都想第一眼看到这美不胜收的大自然。瞧，那火一般红艳的山茶，雪一样洁白的玉兰，还有那"粉色佳人"似的桃花，"水中仙子"般的水仙……这时，多情的蜜蜂、蝴蝶也相继赶来了，扑扇着翅膀在花园里忙得不亦乐乎。花园真是对春最完美的诠释。

春天是草的仙境。春风吹拂，春雨滋润，草儿都换上了新衣，把山坡点缀成绿色。一片翠绿在微风中摇曳着，疏疏朗朗地露出星星点点的微红。草，看上去是那么细弱娇小，但它们很坚强，不畏春寒，在料峭的寒风中挺胸抬头，舒展着黄绿的手臂。霎时，山间飘荡着薄雾，朦胧得如仙境一般。

春天是人间的乐园。到村庄的角落看看。看那一村艳丽的桃花，看那溪里来回扑腾的鸭子，看那多少时日不曾见的烟囱……到田间到地里去听听，听青蛙轻调皮鼓，听燕子悄声呢喃，听田鼠回家的脚步声，听鱼跃出水面的清响……到农家小园闻闻，闻新翻的泥土气息，闻油菜花的幽香，闻梨树的芬芳……

古往今来，不知有多少人以神来之笔写下了咏春、颂春、伤春、惜春的动人篇章，让人不禁拍案叫绝。我想，他们都是被春天的魅力深深吸引而有所触动吧。春天，它总有一种令人神往的力量，世世代代牵引着我们走进每一个崭新的明天。那么，让我们微闭双眼，用心倾听春天到来的脚步声吧。①

初步选定文段之后，命题者还要根据学生的阅读能力及命题的实际需

---

① 佟晨绪：《春天的脚步》，载《荆门日报》，2011-02-13，有改动。

要进行适度的修改，主要修改了如下几个方面。

一是疏通不必要的阅读障碍，包括学生不认识的生字、不理解的生词、含义过深的句子等。从对学生调研的结果来看，本文没有含义过深的句子，不认识的字主要是"祁"字，不理解的词语主要是"矜持"和"诠释"。命题者在修改过程中采用了换、删、增加注音三种策略。将"矜持"替换为学生能够理解的"温柔"，删掉"诠释"一句，为"祁"字注音。

二是删除冗余信息，特别是那些点明中心的句子。"春天，它总有一种令人神往的力量，世世代代牵引着我们走进每一个崭新的明天。那么，让我们微闭双眼，用心倾听春天到来的脚步声吧。"这两句表达了作者的情感，点明了文段的主旨，如果学生读懂了这两句，那么所有与主旨有关的题目都变成了获取信息的题目了。没有这两句，并不影响学生对全文的理解。为此，命题者在修改过程中删除了这部分内容。

三是为命题做必要的文本调整。本文第一段灵活运用了几位诗人的诗句表达对春天的认识，是考查学生灵活运用古诗文积累的好范例。但这段集中呈现了宋祁、韩愈、周邦彦、贺知章几位诗人的名句，再考查学生运用古诗文积累进行仿写的能力，对学生的古诗文积累量是一个不小的挑战。学生可能不是因为不能模仿文本的表达，而是没有积累其他有关的诗句。为此，命题者在这里进行了修改，将学生最熟悉的贺知章的诗去掉，换成了杜甫的"泥融飞燕子"一句。

修改之后的文本如下。

春天的脚步

春天是什么？宋祁（qí）说，春天是"红杏枝头春意闹"的胜景；韩愈说，春天是"百般红紫斗芳菲"的画卷；周邦彦说，春天是一方"新绿小池塘"的幽雅；杜甫说，春天是"泥融飞燕子"的生机……

春天是雨的季节。春雨是柔和的，像小姑娘般温柔，不曾有倾盆之势，但绵长滋润。她无声无息地来到树梢、路面和人们的衣服上……她就这样轻悄悄地来到了人们的身边。春雨过后，一切都显得那么素雅、洁丽。

春天是花的天堂。各色各样的花争先恐后绽放，似乎都想第一眼看到这美不胜收的大自然。瞧，那火一般红艳的山茶，雪一样洁白的玉兰，还有那"粉色佳人"似的桃花，"水中仙子"般的水仙……这时，多情的蜜蜂、蝴蝶也相继赶来，扑扇着翅膀在花园里忙得不亦乐乎。

春天是草的仙境。春风吹拂，春雨滋润，草儿都换上了新衣，把山坡点缀成绿色。一片翠绿色在微风中摇曳着，疏疏朗朗地露出星星点点的微红。草，看上去是那么细弱娇小，但它们很坚强，不畏春寒，在料峭的寒风中挺胸抬头，舒展着嫩绿的手臂。霎时，山间飘荡着薄雾，朦胧得如仙境一般。

春天是人间的乐园。到村庄看看，看那一村艳丽的桃花，看那溪里来回扑腾的鸭子，看那多少时日不曾见的烟囱……到田间地头听听，听青蛙轻调皮鼓，听燕子悄声呢喃，听田鼠回家的脚步，听鱼跃出水面的清响……到农家小园闻闻，闻新翻的泥土气息，闻油菜花的幽香，闻梨花的芬芳……

古往今来，不知有多少人以神来之笔写下了咏春、颂春、惜春的动人篇章，让人不禁拍案叫绝。我想，他们都是被春天的魅力深深吸引而有所触动吧。

二、根据蓝图初步命题

传统的命题是"随文逐流"式的。命题者往往根据文段的特点，哪里适合命题就在哪里出一道题。以这种方式命制的题目，受文段本身的影响比较大，而且命题者常常在命题之后才发现，预计要考查的能力没有完全覆盖或者在某些能力点上设题过多。

为此，命题者先要根据蓝图命制题目。就是根据预先设计的评价框架命制需要的题目。这样做能够保证整体题目有效地测查学生的能力发展。

针对《春天的脚步》一文，命题者在第一次命题时，围绕评价框架中的不同能力尽可能地设计了考查题目。其中，第1~3题和第8题均指向整体感知能力的发展，具体又从不同方面进行考查：第1题、第8题均指向对文本内容的整体感知，第1题是全文层面的，第8题则是段这一层面的，第1题指向对文本结构的把握，第3题指向对文本情感的把握。

第一次命题

1. 短文是从_____、_____、_____、_____四方面描写春天的。（整体感知主要内容）

2. 短文的表达顺序是_____。（整体感知表达顺序）

3. 短文表达了作者怎样的情感？（整体感知文本情感）
_____

4. 读第一自然段，回答问题。
①用文中一个词语概括诗人对春天的看法。（提取信息）
宋祁（　　）　韩愈（　　）　周邦彦（　　）　杜甫（　　）
②请你仿照文中的句子，用一句古诗描写你心中的春天。
_____说，春天是"_____"的_____。（实际运用）
5. 和第三自然段中"各色各样的花争先恐后绽放"这个句子的意思最贴近的词语是_____。（形成解释）
　A. 百花吐艳　　B. 百花竞放　　C. 竞相开放　　D. 万紫千红
6. 第四自然段中"露出星星点点的微红"指的是_____。（提取信息）
7. 在第四自然段中用横线画出表现草的品格的语句。（形成解释）
8. 第五自然段从_____、_____、_____三方面描写了春天是人间的乐园。（整体感知）
9. "春雨是柔和的，像小姑娘般温柔，不曾有倾盆之势，但绵长滋润。"这样写的好处是_____。（评价）
10. "到农家小园闻闻，闻新翻的泥土气息，闻油菜花的幽香，闻梨花的芬芳……"这句话用三个同样的句式描写村庄一角的春景，这样写的好处是_____。省略号在这里省略的是_____（评价）。

初步命题环节除了要根据蓝图命制题目，还要注意如下几点。

第一，尽可能挖掘文本中的"题点"。

命题者要尽可能多地命制题目，并且每道题目都要标注对应的是蓝图中的哪个具体考查点。只有将文段中的命题点尽可能地挖掘出来，才能为后续的修改、删减提供更充分的空间。针对《春天的脚步》一文，命题者第一次共命制了 10 道题目。虽然有些题目的考查目标是重复的，如第 9 题、第 10 题，但在第一次命题时还是都命制了出来，后面再根据具体情况决定两道题目的取舍问题。

第二，建构针对同一能力的题组。

针对同一能力点的题组可以从不同角度、不同难度对一个能力点进行考查，以此增加题目的诊断空间。如第 1~3 题考查的都是整体感知的能力，但是三道题目的角度是不一样的，第 1 题指向整体感知主要内容，第 2 题指向整体感知表达顺序，第 3 题指向整体感知文本情感。这三道题目就构成了围绕整体感知能力的一个题组。

当然，这个题组有可能不是出现在同一个阅读文段中的，如考查提取信息的能力，文段一考查了获取直接信息的题目，文段二考查了获取隐含信息的题目，这样的题组安排也是可以的。

第三，选择有利于表现学生能力的题目形式。

题目是为学生展示其能力发展状况服务的，因此，重要的不是题目形式是否创新，而是题目形式是否能够有效地展示学生的能力，有效地实现评价的目的。

如第 7 题"在第四自然段中用横线画出表现草的品格的语句"，考查的目标能力是形成解释。实现这个考查目标可以选择的题型是非常多的，如抄写句子、画线、填空等。命题者在第一次命题时没有选择抄写句子这个题目，这是因为抄写句子和画线都能实现评价目标，但是抄写句子更加费时，而且容易出现抄错的问题。

三、集中修改命题

题目是需要反复打磨的。在打磨过程中，题目可能会经过几轮的修改。修改的内容主要包括如下几个方面。

第一，明确题目的考查指向。

修改的第一种情况是为了明确题目的考查指向。这种问题在填空题中尤其容易出现，因为填空题的题干常常只给出半句话，留下空请学生填，至于填什么内容，学生要根据答题经验进行推断。

如第 4 题的第①小题，本来是一道最基础的考查提取信息的题目。由于题目没有明确说明括号中应该填哪些内容，造成了题目指向不明。在题干几经调整都不太容易清楚表达的情况下，命题者最后采用了举例子的方式帮助学生理解题目的要求，具体修改如下。

4. 仿照例子，用文中的词语概括古人对春天的看法。

例：宋祁<u>胜景</u>

韩愈＿＿＿＿＿ 周邦彦＿＿＿＿＿ 杜甫＿＿＿＿＿

第二，更好地为学生提供展示能力发展情况的空间。

修改的第二种情况是为了给学生提供更充足的空间，以使学生充分地展示其在目标能力上的发展情况。

如第 4 题的第②小题，原来的题干"请你仿照文中的句子，用一句古诗描写你心中的春天"，限制了学生必须写春天，而原文中已经引用了四句比较简单的描写春天的诗句，给学生正确完成此题增加了难度。学生答不出这道题，很可能是因为题目本身没有提供适当的展示空间，而不是因为能力不足。因此，我们将题干修改为"引用一句古诗把句子补充完整"，去掉了季节的限制，学生可以随意选择事物进行摹写，具体修改如下：

②请你仿照文中第一自然段中的相关句子，引用一句古诗把句子补充完整。

_____说，_____是"_____"的_____。

第三，更好地指向考查的目标能力。

题目考查的能力与预期要考查的目标能力不符，这是在命题过程中很常见的一个问题。因此，命题之后的反思和检查是非常重要的。下面这道题，预计考查的目标是了解学生对语句"各色各样的花争先恐后绽放"的理解程度，但由于选项之间过于接近，造成了实际考查的能力不仅仅是理解句子，还有辨析近义词"百花吐艳"和"百花竞放"。因此，将"百花吐艳"调整为"春色满园"，会使考查的目标能力聚焦于语句的理解，具体修改如下。

5. 和第三自然段中"各色各样的花争先恐后绽放"这个句子的意思最贴近的词语是_____。

A. 春色满园　　B. 百花竞放　　C. 竞相开放　　D. 万紫千红

第四，更好地反映对教学的导向。

命题的过程也是引导教学的过程。测验对教学的指挥棒作用是客观存在的，这并不一定是坏事，如果测验本身是符合教学的规律、符合课程标准的理念的，测验对教学的引导就是积极的。因此，修改的其中一项重要内容就能更好地体现对教学的导向。

如下面这道题目，考查的目标能力是对比喻写法的评价。但由于原题聚焦于程式化的内容，容易造成学生死记硬背各种写法的好处。因此，调整为给出"生动形象"一词，将目光聚焦于表达效果，增加了测验的难度，但体现了对教学的导向，具体修改如下。

9. "春雨是柔和的，像小姑娘般温柔，不曾有倾盆之势，但绵长滋润。"这句话把春雨写成小姑娘，这样写的好处是生动形象地写出了_____。

第五，删除重复考查的内容。

对于针对同一个能力点，层次水平又接近的题目，只保留其中的一道即可，其余可删除。

如第 9 题、第 10 题均指向对表达效果的评价考查，题目质量没有大的差异，且两者能力层次基本一致，经过讨论删除第 10 题。

第六，选择最适合表现学生能力的题目形式。

这个问题在第一次命题时已经考虑过，在后续的命题修改中还会反复进行这方面的修改。如第 7 题，前面已经根据学生的能力考查需要，调整过题目形式。但后续讨论中再次发现，画线容易出现多画或者少画的问题。相较而下，填空的方式能够更有效地考查同一个能力目标。为此，题目再次修改如下。

7. 第四自然段中能概括草的品格的词语是＿＿＿＿＿＿＿＿。

四、基于预测数据修改命题

预测验是保证题目科学、有效的手段之一，因此，读懂预测数据，根据预测数据对题目数据进行修改是题目命制过程中很重要的一环。

上面 10 道题目的预测数据如表 5-8 所示。

表 5-8　10 道题目的预测数据

题号	IRT 难度[①]	拟合度	题总相关
1	1.16	1.14	0.27
2	0.54	1.12	0.12
3	−0.94	0.97	0.26
4	−0.71	0.89	0.24
5	−0.14	0.87	0.35
6	0.34	0.81	0.20
7	−0.46	0.92	0.26
8	−0.12	0.85	0.39
9	0.81	0.79	0.51
10	0.77	0.78	0.43

---

① IRT 难度：以项目反应理论为基础，基于单维 Rasch 模型，采用 ConQuest 软件进行评估的题目难度，数值越大，表示题目难度越大。

根据预测的结果，主要进行如下修改。

第一，修改题目间的相互映射。

预测验中，第 1 题的测验数据如表 5-9 所示。

表 5-9　第 1 题测验数据

分数	0 分	1 分	2 分	3 分	4 分
百分比	4.3%	1.8%	44.4%	8.7%	40.8%

从这道题目的数据可以看到，得 2 分和得 4 分的学生比例较高，而得 3 分的学生比例较低。数据为我们发现问题提供了线索。循着这条线索去寻找，可以发现，第 1 题和第 8 题是相关的。第 8 题题干中的"描写了春天是人间的乐园"，恰好就是第 1 题的答案之一，给了学生一定的提示。

第 1 题和第 8 题虽然都关注对内容的整体感知，但第 1 题是从篇的角度把握篇的内容的；第 8 题则是从段的角度把握段的内容的。中年级到高年级恰好是从段到篇的过渡。两道题目同时考查，能更好地诊断学生能力发展的层次。为此，我们没有采用删除其中一道题目的做法，而是将第 1 题进行了如下修改，将第 1 题、第 8 题重复的部分直接在题干中给出来，避免学生因为作答技巧受到影响。

1. 短文是从_____、_____、_____和春天是人间的乐园四方面描写春天的。

第二，删除与课程标准价值导向不一致的题目。

第 2 题的考查目标是整体感知文本的结构。实际难度超过了预期。反思这道题目，影响学生在这道题目上表现的因素不仅包括是否整体把握文本的结构，还包括是否掌握了表达顺序的概念。对于写法的知识概念，课程标准是不要求小学生掌握的。因此，这道题目在这次修改中被删掉了。

第三，删除文本信息不能解决，需要单纯依靠个人经验解读的题目。

6. 第四自然段中"露出星星点点的微红"指的是_____。

上面这道题目的实际难度为 0.78，应该说还是比较合适的。但是 IRT 分析的结果显示这道题的题总相关仅为 0.2。仔细看文本就会发现，在文本中找不到与之相关的明确的信息，单纯要依靠个人经验才能解读出"露出星星点点的微红"指的是野花。这样的题目作为考查内容显然是不合适的，故删除。

第四，保留与课程标准要求相一致的题目。

在预测验中，绝大部分学生都能正确答出下面这道题目，但是在最终的测验中我们还是保留了本题。

4. 读第一自然段，按要求填空。

（1）仿照例子，用文中的词语概括古人对春天的看法。

例：宋祁 胜景

韩愈_____ 周邦彦_____ 杜甫_____

这主要是由于作为一次标准参照的测验，并不是以题目的难度、通过率、区分度等指标为衡量题目优劣的唯一标准，另外一个非常重要的标准是课程标准的要求。这道题目考查的目标能力是从文本中提取直接陈述的信息的能力，这一能力是学生展开其他所有阅读活动的前提和基础，而且是课程标准中要求学生掌握的。这样的题目虽然难度低，但也要保留。第4题的测验数据如表5-10所示。

表 5-10　第 4 题的测验数据

分数	0 分	1 分	2 分	3 分
百分比	1.5%	0.5%	2.1%	95.9%

延伸探索与思考

① 为您所教的班级选择一份阅读测验材料，并说一说选择这份材料的理由。

② 根据 SOLO 分类理论，命制一道选择题或者为一道主观题制定评分标准。

第六章　指向高级思维的测验工具开发

第一节　基于情境任务的测验开发

所谓素养，是人在真实的情境中为解决问题所调用的关键能力和必备品格。素养的形成和发展都离不开具体的情境，同时，也只有在具体的情境中，面对真实的问题，素养才能表现出来。所以，要合理测评学生的素养，必须依赖于创设一个合理、真实的任务情境。

20世纪80年代末、90年代初以来的学习理论也已经指明，意义建构的根本途径是个体参与实践活动，与情境进行互动。语文学科的读写活动都是以意义建构和交流为核心的，核心素养与具体的语言运用情境有着天然的联系。《义务教育语文课程标准（2022年版）》指出："考试命题应以情境为载体，依据学生在真实情境下解决问题的过程和结果评定其素养水平。"[①]所以，对核心素养的评价必然要在具体的语言运用情境中，通过学生解决语言任务的质量来反映。

一、情境的分类

真实、富有意义的语文实践活动情境是学生核心素养形成、发展和表现的载体。但现实世界的情境复杂多样，如何选取典型情境反映学生的语文学科素养发展状况呢？命题者首先需要对复杂的现实情境进行提炼和分类。

从目前国际比较大型的学业评价项目对阅读、写作的评价看，

---

①　中华人民共和国教育部：《义务教育语文课程标准（2022年版）》，50页，北京，北京师范大学出版社，2022。

PIRLS、PISA、NAEP 都将阅读情境作为阅读素养评价的一个重要维度，并对可能的阅读情境进行了分类设计。三个大型评价项目均从阅读活动的目的角度出发，对阅读情境进行了具体的划分。虽然划分的结果略有差异，但是从总体上看都强调了个人体验、社会生活和学科学习三个大类。同时，NAEP 将写作情境分为以说服为目的的写作、以解释为目的的写作和以传达经验为目的的写作。由此也可以看出不论是读写活动，还是情境的创设都和活动的目的息息相关。

《义务教育语文课程标准（2022 年版）》明确提出："命题情境可以从日常生活、文学体验、跨学科学习，也可以从个人、学校、社会等角度设置。日常生活情境指向真实具体的社会生活，关注学生在生活场景中的语言实践，凸显语言交际活动的对象、目的和表述方式。文学体验情境侧重强调学生在文学作品阅读中体验丰富的情感，尝试用不同的方式进行创意表达；强调参与当代文化生活，关注学生对社会主义先进文化、革命文化、中华优秀传统文化的体认。跨学科学习情境侧重强调学生综合运用多门课程知识和思想方法解决实际问题。"[1]这一情境划分，既与现代课程理论所主张的课程与教学目标的来源框架"学习者的需要、当代社会生活的需求、学科的发展需要"相一致，也与已有的国际研究相接轨，突出了语文学习和测评活动需要重视的三类目的指向。[2]

二、情境任务的创设

基于情境的测验，意在打破语文学习与现实社会生活的界限，引导学生在一个相对真实的测验情境中，运用日常语文学习经验与语文知识，完成读写综合性测验任务。[3]为此，创设一个测验的情境任务，需要从测评的核心目标出发，确定在一个学生经验范围内的语言实践任务，并根据这个任务选择适当的测验材料，以题目的方式引导学生展开语言实践活动。下面，结合具体测验题目的开发过程，梳理情境任务的创设过程。

---

[1] 中华人民共和国教育部：《义务教育语文课程标准（2022 年版）》，50 页，北京，北京师范大学出版社，2022。

[2] 叶丽新：《"情境"的理解维度与"情境化试题"的设计框架——以语文学科为例》，载《课程·教材·教法》，2019(5)。

[3] 李倩：《语文考试评价中的"情境"：内涵、实践与启示》，载《中学语文教学》，2020(6)。

（一）根据测评目标，确定情境任务的类别

创设情境任务是为了给学生提供一个能够更充分展现其在测评目标能力上发展状况的平台。为此，情境任务首要和测评目标相一致，要能够指向测评的目标能力。命题者要先带着测评目标，回到学生的经验世界中，寻找符合测评目标的最有代表性的语言实践活动——典型任务，然后，在诸多任务中选择最贴近学生认知水平的一个任务作为测评情境。

如果要评价学生写说明文的能力，就要回到学生的经验世界中寻找一定要用上说明能力的语言实践活动，这样就可以找到诸如给他人介绍一个事物、说明一个原理、讲解一个过程等活动。命题者可以从这些活动中确定一个最贴近学生认知水平的作为测验的情境任务。同样，要评价学生能否写好一个人，突出人物的特点，首先，要回到学生的经验世界寻找什么样的语言活动是一定需要把人写清楚、写出特点的，这样就可以找到诸如推荐班干部、给新同学介绍班里的同学、向家长介绍自己最有特点的一位朋友等活动；其次，在这些活动中选择一个最贴近学生认知水平的任务作为测验任务。

下面是一道五年级测查学生写一个有特点的人的情境任务。

冯骥才的《俗世奇人》中描绘了很多生动、特点鲜明的人物形象。我们在生活中也会遇到形形色色的人。为此，班里准备出版一本属于自己的《俗世奇人》，记录下那些特点不一的人。请把你身边最具特点的人写出来，争取入选吧！记得要尽可能把人物的特点写出来哦！

如考查五年级学生的阅读理解能力，可以设计如下测验情境。

学校要开展"讲故事，颂美德"活动，小刚打算在下周班会时给二年级的小同学讲故事。请你和小刚组成学习小组，一起做好讲故事的准备。

这个讲故事的情境，乍一看指向的是学生的语言表达能力而不是理解能力，但表达的前提是理解，这个情境强调的不是"讲"而是"做好讲故事的准备"。学生在准备的过程中必然会把握故事的主要内容，对故事形成基本的理解，有自己的阅读感受。这些都和要考查的目标能力一致。并且，讲故事这个情境对学生来说有比较丰富的经验积累，他们或多或少都在过去的学习、生活中听过故事或者讲过故事。对五年级的学生来说，任务的难度也是比较合适的。

在创设情境任务这个环节，命题者可以充分利用各学科学习情境、学

生日常学习与生活经验,开发设计情境型测验任务。需要注意的几个问题如下。首先,情境任务是学生要用语文做的事情。这样的任务往往是表现型的,需要学生经历一个做事情的过程,而不是简单复现知识。其次,情境任务要有真实性、典型性。当然,这里的真实性并不是说照搬、照抄现实生活,而是说命题者需要根据情境发生的现实条件,对真实生活进行梳理整合、删减、改造,用结构化的情境来反映测评问题发生的背景,引导学生在测评中真实地表现自我。[①]最后,情境任务要符合学生的认知水平。在任务的难度要求上,应贴近于学生的能力发展水平,避免因为任务过难或过易,影响学生作答。

(二)根据任务需要,选择适当的测验材料

情境任务能够为学生开展语言实践活动提供真实的行为目的与解决问题的关键要素。如果是写作或者口语交际任务,学生就可以根据目的和关键要素自主开展语言实践活动,展示自己的表达能力了。但如果是阅读类的任务,命题者还需要提供完成任务必需的测验材料。这个材料一方面是学生展示目标能力的平台,与学生的能力发展水平相一致;另一方面也是学生完成任务的必备素材。学生可通过阅读相关的图文材料,区分关键信息与无关信息,展示自己利用信息完成语言任务的能力。

如前面为了考查五年级学生的阅读能力,创设了一个讲故事的情境任务。根据这个任务,要选择一个既能指向目标能力,又能够满足任务解决需要的测验材料,举例如下。

英雄机长刘传健

①2018年5月14日清晨,四川航空公司的3U8633航班搭载着119名乘客和9名机组人员从重庆起飞,飞往拉萨。7时6分,当飞机平稳进入青藏高原东南边缘的9800米上空时,突然发出一声闷响,如爆米花爆裂一般。声音虽不大,却如同惊雷炸响在机长刘传健的耳边。他赶紧伸手检查面前的风挡玻璃。割手!内层玻璃裂缝了!这意味着飞机的承受力受到了破坏,可能要发生故障。"准备下降高度,备降成都。"刘传健迅速向管制台报告,做出立即迫降到最近的成都机场的决定。

②然而,话音未落,传来一声巨响,驾驶舱右侧的风挡玻璃突然爆

---

① 郑新丽:《面向学科核心素养的高中语文课程评价建议》,载《语文建设》,2018(2)。

裂，密闭的飞机破了一个大洞。强劲的风猛地灌进了机舱内，机舱内的温度骤降，整架飞机在剧烈抖动。刘传健感到身体被猛烈的风撕扯得变了形，但是他忍受着寒冷、缺氧的折磨，拼尽全力地驾驶着飞机。

③在玻璃爆裂的一两分钟后，驾驶舱中的仪表盘受到巨大风力的破坏，飞行数据无法正常显示，飞机抖动加剧，自动巡航功能已经失效。这种情况必须依靠人工驾驶，否则飞机就会迅速失去正常的飞行姿态，坠毁在山间。面对险情，机长刘传健迅速切换到人工驾驶模式，依靠顽强的意志力冷静地操纵着飞机调转方向，飞往成都。

④此时，飞机还处在9800米高空，必须尽快下降高度，但下面是6000多米的高山，稍有不慎就会撞上山峰。此外，低温、缺氧、仪表损坏、机身剧烈抖动等多种问题叠加在一起，下降高度真是困难重重。在这样的困境中，刘传健凭借自己惊人的判断力和高超的驾驶技术，小心翼翼地控制飞机，使飞机下降到7300米高空。

⑤20分钟后，飞机终于飞出山区，抖动减弱，机舱缺氧和低温的情况得到缓解。刘传健仿佛从黑暗中迎来了光明，他丝毫没有大意，脑子里只有一个念头：控制住飞机，飞回成都！7时42分，他驾机成功备降到成都双流机场，奇迹般地挽救了119名乘客和9名机组人员的生命。事后，人们从飞行记录仪中发现，他手动备降过程中的36个动作精准无误。刘传健在9800米的高空，完成了中国民航史上一次"史诗级的壮举"！

这个测验材料，从长度、内容、语言表述等方面看均适合五年级学生的阅读能力；从与任务的匹配度看，材料聚焦在一件事情的发展过程上，与讲故事的任务匹配度比较高。

命题者如果想考查学生字词、语句等语言积累情况，可以创设语言实践活动，让学生在具体的语言情境中通过运用展示其语言积累的状况。如下面这个情境，联系学校的主题活动创设了一个制作展板的任务，这个任务已经有了初步的雏形，但其中包含了不认识的字音、需要补充的字形、需要理解的词语等，学生要调用自己的语言积累继续完成整个任务。

学校要开展"百年新征程，强国必有我"的主题教育活动。你所在的班级要制作一个展板，并进行解说。

情境一：下面是同学们为制作展板收集的相关资料。请先根据拼音填空，再完成第1~5题（题目略）。

2022年2月，北京携手张家口举办了第24届冬奥会。冬奥会各场馆的建筑设计凸显了我国的创新实力，_____(huì jí)了诸多科技成果，运动健儿在这里实现了奥运_____(mèng xiǎng)。

在北京赛区，国家速滑馆——"冰丝带"的外墙上有22条飘逸的"丝带"，像是速滑运动员在冰上划过的痕迹，象征速度和激情。张家口地域辽阔，_____(zī yuán)丰富，_____(shēng tài)良好。国家跳台滑雪中心——"雪如意"镶嵌在山间，成为当地的标志性建筑。

下面这个例子是通过创设情境考查学生课外阅读情况。命题者选用了课本剧这样一个学生熟悉的情境任务，并给学生提供了必要的基础信息。学生需要调用他们课外阅读中对人物形象的理解以及一些阅读中的关键信息，通过神态、动作或语言描写表达出来。

六（1）班的同学阅读了《小英雄雨来》后，准备排演课本剧。请你将下面的剧本补充完整，在括号内写出人物的神态、动作或语气，在横线上写出人物的语言。

《小英雄雨来》剧本第三幕 "画伪装地雷"

时间：抗日战争时期

地点：村东头

此时，鬼子又要来扫荡了。武装班长申俊福领着十五六个民兵去埋地雷。雨来和他的小伙伴也想埋地雷。申俊福让民兵给了他们一些纸条和粉笔，叫雨来带领小伙伴去画迷惑敌人用的伪装地雷。

雨　来　（拿着纸条和粉笔，带着庄重而兴奋的神情）咱们开始画地雷吧！

小伙伴　（异口同声地）好！

二　黑　（得意地举起手中的纸条）我在纸条上写了句："喂！小心地雷！"保证让鬼子摸不着头脑。

雨　来　（　　　　　　　　　）哈哈，我们画的假地雷就能把鬼子吓一跳。

小伙伴　（拍着手）太好了！

雨　来　（凝神看着他脚下的土地）我不仅要在纸条上写，还要在地上写。

二　黑　（　　　　　　　　　）_____

雨　来　（　　　　　　　　　）我就写："这儿是中国的土地！"

(三)以题目引导任务的解决过程

有了具体的情境任务、完成任务所需的材料,接下来要做的就是命制具体题目了。与一般命题的思路不同,情境任务下的题目不是按照文段的先后顺序安排题目的,而是按照解决任务的过程设置题目的。每一道题目都是解决问题过程中的一个关键环节,所有题目串联起来,就代表了学生运用语文能力解决问题的整个过程。

仍然以五年级讲故事这个情境任务的题目开发为例。

1. 学校要提前了解大家讲的故事,请将这个故事的主要内容简要写下来。

2. 为了更好地把握故事内容,请把经过部分补充完整。

飞机遇到的险情	玻璃裂缝	玻璃爆裂	巡航功能失效	多种故障叠加	飞出山区
刘传健的表现	决定备降成都机场				成功降落

3. 讲故事时,你打算把上面表格中的哪一方面的内容重点讲具体,你这样选择的理由是什么?

4. 讲故事时,小刚有两种讲故事的思路,你认为选择哪一个思路更好?请结合短文内容说明你的理由。

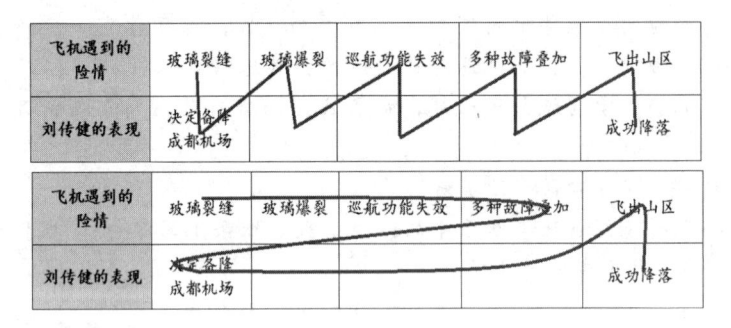

飞机遇到的险情	玻璃裂缝	玻璃爆裂	巡航功能失效	多种故障叠加	飞出山区
刘传健的表现	决定备降成都机场				成功降落

飞机遇到的险情	玻璃裂缝	玻璃爆裂	巡航功能失效	多种故障叠加	飞出山区
刘传健的表现	决定备降成都机场				成功降落

5. 小刚在查找资料的时候看到一个视频是这样讲述第②段的内容的。

强劲的风猛地灌进了机舱内,温度瞬间降到零下40摄氏度,整架飞机在剧烈抖动。机舱内,乘客也慌作一团,有人在大声呼叫乘务员,有人紧紧抱住自己的身体,缩成一团,也有人在努力安慰被吓哭的孩子……空气中充满了惊呼声、喊叫声、哭泣声。

面对短文和资料两种讲述的方式,你打算选择哪一种?结合你要表达的主旨写写你的理由。

6. 当讲到"玻璃裂缝",刘传健做出"准备下降高度,备降成都"的决定时,要用_____的语气来说这句话,理由是_____。

7. 讲到故事结尾时,小刚总是记不住"119名乘客和9名机组成员"中的数字,所以想把这部分内容省略掉。你同意小刚的想法吗?请结合短文内容说明你的理由。

8. 小刚打算在讲故事的过程中插入一份材料,你认为你们最好选择哪一份材料?请结合你要表达的主旨说明理由。

材料一　刘传健的妻子邹函是重庆市第二师范学院的教授。在刘传健紧急迫降前,她带领学生在杭州参加比赛获得了第一名。

材料二　事后,乘坐3U8633航班的一名乘客说:"除了父母外,刘传健机长是我生命中最重要的人,因为刘机长给了我第二次生命。"

材料三　平时,刘传建就格外关注特殊飞行事故,用心剖析原因,思考如何处置。川藏航线他已飞行百余次,但每次飞行前,他都要进行特情处置准备。

9. 讲完故事,如果听众问:"你怎样评价刘传健?"你打算怎么回答?请结合短文内容写下你的评价和具体理由。

要完成讲故事这个任务,首先,要对故事的概貌有整体把握,所以第1题指向对内容的概括。在此基础上,还要对故事有整体的规划,包括讲故事的顺序以及对情节的详略处理等,所以第2~4题分别指向把握情节、确定情节详略、安排讲述顺序三个内容。至此,学生讲故事的框架已经基本形成。其次,要实现在任务中"颂美德"这一要求,还要把故事中能够凸显人物美德的内容讲具体。第5~7题正是从讲述语言的选择、讲述的语气到具体的细节信息等方面帮助学生把故事讲具体。讲好故事,不仅要看到所给文段,必要时还要补充相关的材料,所以第8题便为学生提供了三份材料,供学生在讲故事的过程中选用。最后,故事讲完了,还可能会围绕讲故事的主题展开交流,第9题正是指向这一点。从整体上看这9道题的设计,就是讲故事这个任务的解决过程。

当然,这9道题也从不同侧面考查了学生阅读的能力。第1、第2、第4题均指向整体感知能力,分别是对主要内容、情节和表达顺序的感知。第3、第6、第8题均指向形成解释的能力,分别是对关键情节、人物心理和人物形象的理解。第5、第7、第9题均指向做出评价能力,第

5 题针对正侧面描写的效果，第 7 题针对数字的表达效果，第 9 题针对人物形象的评价。9 道题完整地考查了学生在文学类文本阅读中的关键能力。

第二节　思辨性阅读与表达任务群的测验开发

思维能力是义务教育语文学科核心素养的重要组成部分之一，也是语文学科学业能力评价的重要维度之一。但由于思维能力本身的内隐性，在小学语文学科学业评价中长期存在重知识、轻思维的问题。① 曾有研究者通过对 7 套试卷 185 道题目的分析指出，目前的语文学科学业评价主要是对语言建构与运用的考察，思维能力的考查明显不足。②

《义务教育语文课程标准（2022 年版）》重视对思维能力的培养，在语文学科任务群中专设思辨性阅读与表达任务群，旨在引导学生在语文实践活动中，通过阅读、比较、推断、质疑、讨论等方式，梳理观点、事实与材料及其关系；辨析态度与立场，辨别是非、善恶、美丑，保持好奇心和求知欲，养成勤学好问的习惯；负责任、有中心、有条理、重证据地表达，培养理性思维和理性精神。

如何理解思辨性阅读与表达的内涵，确定评价要点，设计贴合思辨性阅读与表达任务群特点的评价工具。 本节将围绕这一问题展开讨论。

一、思辨性阅读与表达的内涵理解

我国古代就已注意到思辨能力的重要性。孔子提出"学而不思则罔，思而不学则殆"，其中学思并重的思想就是要把握好学习知识与思考辨析的辩证关系。《中庸》提出的"博学之，审问之，慎思之，明辨之，笃行之"，更是直接强调了"慎思"与"明辨"在学习中的重要作用。

到了现代，《现代汉语词典》将思辨解释为"哲学上指运用逻辑推导而

---

① 周慕华：《统摄求证批判：向思维深处漫溯》，载《文理导航（下旬）》，2023（02）。
② 刘璐：《核心素养视角下初中语文学业质量试卷研究》，中南民族大学，2021。

进行纯理论、纯概念的思考""思考辨析"两个义项①；《辞海》将其解释为"思考辨析，如：思辨正误；思辨能力"和"思辨哲学"。②也就是说，逻辑推导、审慎辨别是思辨能力的核心。

在语文学科教学研究领域，思辨能力、思辨性阅读、思辨性表达等内容一直是研究者关注的重点内容之一。《高中语文课程标准（2017年版）》出台后，聚焦思辨性阅读与表达的研究成为一个新的热点。到目前为止，研究者对思辨性阅读与表达的内涵形成了三方面的共识。

首先，思辨性阅读与思辨性表达是思辨性思维活动的一体两面。学生在思辨性阅读过程中产生的想法、观点、思维结果等，都要通过表达外显出来，在思辨性表达的过程中，学生会进一步反思自己的思考过程，促进思辨性阅读的深度，并引发下一轮的思辨性阅读。在真实的实践情境中，思辨性阅读与思辨性表达围绕"思辨"这一共同价值，相互依存、相得益彰。换言之，在"思辨性阅读"过程中，"思辨性表达"始终在场；在"思辨性表达"过程中，"思辨性阅读"同样不可或缺。

其次，思辨性阅读与表达中的"思辨"即 critical thinking，与批判性思维、审辩式思维内涵基本一致。荣维东教授指出，课程标准中所说的"思辨"，与国际上的"批判性思维"基本对应，也有人译为"思辨性思维"或"审辩式思维"。它和一般的思维不一样，更讲究事实、证据和逻辑。③特级教师魏星也认为，新课标提出的"思辨"与"审辨思维"内涵一致，指向理性思维能力的培养。④

第三，思辨性阅读与表达属于读写活动的高级阶段。思辨性阅读属于阅读的高级阶段，思辨性表达属于表达活动的高级阶段。余党绪曾经将杜威关于"思维"的分析运用在阅读上，划分了阅读思维的四个层次⑤：其一，头脑处在不受主体控制的信马由缰、随心所欲的状态。其二，头脑处在"想象与虚构"状态。读者基于某种认知框架，或者基于文本提供的事实，进行想象和虚构。其三，阅读中的思维处在惯性状态，思考是基于经验主义或教条主义的逻辑。处在第三个层次的阅读往往是不断在文本中寻

---

① 中国社会科学院语言研究所词典编辑室主编：《现代汉语词典》（第 7 版），1237 页，北京，商务印书馆，2016。
② 陈至立主编：《辞海》（第 7 版彩图本），4097 页，上海，上海辞书出版社，2020。
③ 荣维东：《关于"思辨性阅读与表达"任务群的思辨性解读》，载《语文建设》，2023（01）。
④ 魏星：《"思辨性阅读与表达"的内涵及其实现》，载《江苏教育》，2022（57）。
⑤ 余党绪：《阅读的转型：从印证性阅读到思辨性阅读》，载《教育科学论坛》，2020（19）。

找证据来"印证"某些结论的过程，难有认知的升级与知识的更新，属于印证性阅读。阅读的最高层次是"思辨性阅读"，强调读者以主体的姿态切入文本，以平等对话为桥梁，通过不断质疑、论证、反思和评估的过程，追求个人理解的完善与超越。

二、思辨性阅读与表达的评价结构

《义务教育语文课程标准（2022年版）》在发展型学习任务群中并列提出了三种学习任务群，分别是文学阅读与创意表达、实用性阅读与交流、思辨性阅读与表达。三种学习任务群在评价过程中的共同点在于都要以阅读与表达活动为载体展开评价，但三者的侧重点有所不同。思辨性阅读与表达的评价重点在于思辨性思维能力，要聚焦学生在读写活动中表现出来的思辨性思维能力发展水平的高低进行评价。那么，思辨性思维能力包括哪些具体要素呢？

（一）课程标准分析

新课标针对思维能力发展提出了两条总目标，如下所示：

> 6. 积极观察、感知生活，发展联想和想象，激发创造潜能，丰富语言经验，培养语言直觉，提高语言表现力和创造力，提高形象思维能力。
>
> 7. 乐于探索，勤于思考，初步掌握比较、分析、概括、推理等思维方法，辩证地思考问题，有理有据、负责任地表达自己的观点，养成实事求是、崇尚真知的态度。

这两条目标，第六条指向形象思维能力的发展，第七条指向理性思维能力的发展。要求学生不仅要具有乐于探索、勤于思考、实事求是、崇尚真知的理性精神与品格，同时要通过比较、分析、概括、推理等思维方法实现辩证思考，有理有据、负责任地表达。

新课标对思辨性阅读与表达学习任务群的内涵界定如下：

> 本学习任务群旨在引导学生在语文实践活动中，通过阅读、比较、推断、质疑、讨论等方式，梳理观点、事实与材料及其关系；辨析态度与立场，辨别是非、善恶、美丑，保持好奇心和求知欲，养成勤学好问的习惯；负责任、有中心、有条理、重证据地表达，培养理性思维和理性精神。

从这个内涵界定中不难看出，思辨性阅读与表达的教学指向与总目标中的第七条一致性较高，其核心构成要素包括理性思维和理性精神两部分。其中，理性精神包括好奇心、求知欲、勤学好问；理性思维包括梳理、辨析、辨别等思维活动以及负责任、有中心、重证据地表达。

综合新课标在课程内容中多次出现"质疑""提问""梳理""发现""评价"等关键词语，可以得到课程标准中有关思辨性阅读与表达学习任务群的关键要素如下表所示：

表 6-1 思辨性阅读与表达关键要素

关键要素	具体要点
理性思维	质疑提问
	比较辨析
	梳理分析
	反思评价
理性精神	好奇心
	求知欲
	慎思明辨

（二）已有研究分析

1. 国内已有研究分析

国内有关思辨性阅读与表达的相关研究主要可以分为三类：一类是从思维的角度进行的思辨思维（也称批判思维）构成要素研究，以北京师范大学刘坚老师的团队为代表；一类是从教学角度进行的思辨阅读与表达构成要素研究，以上海的余党绪老师为代表；还有一类是从思辨性阅读或思辨性写作单一角度进行的研究，以北京师范大学骆方教授为代表。下面分别对三类研究中的代表性成果进行介绍。

（1）从思维角度进行的研究

由于思辨性阅读与表达中的思辨能力与批判思维、审辨思维等在内涵上的高度重合，研究者从思维角度进行的研究有助于理解思辨性阅读与表达的构成要素。例如，谢小庆很早就提出，"critical thinking"是有目的的、不断自我调整的判断。这种判断表现为解释、分析、评估、推论，以及对做出判断所依据的证据、概念、方法、标准和必要背景条件的理解。文秋芳等人在外语教学研究中提出，思辨能力包括分析技能、推理技能与评价技能。其中，分析技能包括归类、识别、比较、澄清、区分、阐释等分项技能；推理技能包括质疑、假设、推论、阐述、论证等分项技能；评价技能是指对假定、论证过程、结论等的评判技能。[1]

在众多研究中比较具有代表性的是北京师范大学刘坚老师团队立足于美国 P21 项目的 4C 模型，提出了符合我国学生发展需要的 5C 模型，并对审辨思维的结构进行了如下界定：

表 6-2　刘坚团队的审辨思维能力框架[2]

要素	描述	行为表现举例
质疑批判	既包括不轻易接受结论的态度。也包括刨根究底的品格。	（1）对既有的观点或做法持怀疑态度；（2）能从不同角度不新提出新问题；（3）坚守真理的相对性，不迷信权威；（4）考虑并包容不同意见，特别是与自己相左的意见。
分析论证	强调基于证据的理性思考，能进行多角度、有序的分析与论证。	（1）区分事实与假设，辨别信息的真伪；（2）选择合适的、多方面的证据；（3）识别系统中的变量。分析它们之间的关系；（4）能借助证据、合理的推理形式进行有效论证；（5）分析论证过程或证据与结论的关系。发现论证过程中的逻辑漏洞。
综合生成	在分析论证的基础上进行系统整合与重构，形成观点、策略、产品或其他新成果的过程。	（1）综合不同角度的分析论证得出结论；（2）形或问题解决方案；（3）设计与开发新产品。
反思评估	基于一定标准对思维过程、思维成果以及行动进行监控、反思、评估和改进，促进自我导向、自我约束、自我监控和自我修正。	（1）评估证据的可靠性及论证过程的逻辑性；（2）区分因果与相关。考虑其他可能原因或解释；（3）复盘任务执行过程及完成情况。反思经验与教训；（4）基于证据评估自己、他人或团队的行为表现；（5）在对思维、行为、产品等评价的过程中能运用适当的标准。

---

[1] 文秋芳，王建卿，赵彩然等：《构建我国外语类大学生思辨能力量具的理论框架》，载《外语界》，2009（01）。

[2] 马利红，魏锐，刘坚等：《审辨思维：21世纪核心素养5C模型之二》，载《华东师范大学学报（教育科学版）》，2020，38（02）。

杭州师范大学的王崧舟教授基于对课程标准的深入分析，提出了思辨性阅读与表达的核心要义：它始于阅读中的质疑，回归于表达后的反思，是一个循环往复的过程。在这个过程中，好奇、质疑、批判、反思等是伴随思维过程的重要思维倾向，比较、分析、概括、推理是伴随思维过程的具体思维方法，思维倾向和思维方法不可分割，二者相辅相成，共同构成理性思维的主体。王崧舟教授提出的思辨性阅读与表达关键要素，与刘坚教授团队的认识具有高度的一致性。

表 6-3 王崧舟的思辨性阅读与表达关键要素[1]

关键要素	内涵解释
质疑批判	"质疑"即提出疑问。问题是质疑的开始，是逻辑思维、辩证思维的基础。"批判"即甄别、审辩、评论和判断。
分析论证	分析论证是最常见的逻辑思维、辩证思维技能，强调基于证据的理性思考，在对各种信息或证据进行理解、识别、比较和判断的基础上，实现多角度、有序地合理分析与有效论证。
综合生成	综合生成是指在分析论证的基础上进行系统整合与重构，形成观点、策略、作品或其他新成果的过程。综合生成不是孤立的，它基于分析论证，侧重体现思维结果，直接指向问题解决。
反思评价	"反思"也叫反省，是一种内省认识活动。反思评价是指学生在学习过程中对其思维过程、思维成果以及行动进行监控、反思、评估和改进，促进思考过程的自我导向、自我激励、自我监控和自我修正。

（2）从教学角度进行的研究

新课程标准颁布后，一批语文教师从教学实践出发，提出了对思辨性阅读与表达构成要素的理解。此类研究的代表是上海的余党绪老师。他提出思辨性阅读与表达的教学任务可以概括为三点，即培养学生的思辨意识（尊重事实与逻辑）、判断能力（学会分析与论证）与理性表达（尊重事实与逻辑）。三者互相交融，但各有侧重，共同作用于理性思维品质的培养。[2]

此外，荣维东将思辨性阅读与表达细化为思辨品质和思辨能力两个方面。具体表现如下：

---

[1] 王崧舟,魏星：《博学审问 慎思明辨——〈义务教育语文课程标准（2022年版）〉"思辨性阅读与表达"解读》,载《语文教学通讯》,2022(30)。

[2] 余党绪：《思辨意识·判断能力·理性表达——义教阶段"思辨性阅读与表达"教学的三个任务》,载《语文建设》,2023(01)。

表 6-4　荣维东的思辨性阅读与表达关键要素[1]

关键要素	内涵表现
思辨品质	冷静、客观、理性地思考和看待事物，不感情用事
	好奇，自信，勤学好问，求真务实，善于怀疑，审慎判断，不盲信盲从，思想开放，包容异见，人格独立
	公正公平，讲求理据，勇于担当，善于反思
思辨能力	准确界定并使用概念，善于倾听并准确理解别人的意思
	能在大量信息中发现重要和关键信息
	学会寻找证据并运用证据支持自己的观点
	基于事实道理有理有据地进行分析判断
	学会有中心、有条理、重证据地表达
	区分事实、观点、材料及其支持关系
	推断隐含的观点、态度、假设和前提
	识别作者的立场、观点、态度、情感、好恶
	对材料的来源及其可靠性做出判断，能识别材料的来源和可靠程度
	通过猜测、印证、鉴别、澄清、比较、推断、质疑、讨论、辩论、反思等方式进行阅读
	认识一个命题具有特定的适用范围
	展现出现代社会里所应该具备的审慎地、负责任地、反省性地、令人信服地推理和使用证据的能力
	条理清晰，聚焦中心，思路连贯，避免出现明显的逻辑错误和漏洞，有充分的证据支撑自己的观点；善于发现逻辑和思维漏洞，反思监控自己的思维过程

　　这类研究往往基于大量的教学实践经验，可操作性比较强，教师比较容易在教学中加以落实。但从理论的逻辑性上，层次并不是十分清楚。例如上表中列出了思辨能力的多个内涵表现，但对它们之间是什么关系却并没有加以明确。

　　（3）从单一角度进行的研究

　　在我国的语文学科教学中，阅读、写作一直是分而研究的。为此，一些研究者专门聚焦在思辨性阅读或思辨性写作上进行深入研究。整体看，目前这类研究主要集中在思辨性阅读、思辨性写作的教学策略上，明确提

---

[1] 荣维东：《关于"思辨性阅读与表达"任务群的思辨性解读》，载《语文建设》，2023（01）。

出思辨性阅读或思辨性写作结构框架的比较少。比较有代表性的研究成果主要是北京师范大学骆方教授提出的思辨性阅读框架和河北师范大学赵利曼提出的审辩阅读评价框架。

骆方老师认为思辨性阅读的评价可以从信息获取与理解、主旨大意概括、信息简选与匹配、关系理解、推论、语言表达六个方面展开。具体如下表所示：

表6-5 骆方提出的思辨性阅读框架

能力	解释
信息获取与理解	快速、准确、全面地获取和理解言语或图表信息
主旨大意概括	抽取概括出材料的主题和大意
信息简选与匹配	将材料中关键的信息点和已有知识、观点或态度建立联系，寻找材料中有力的支持信息
关系理解	找出材料之间的关系，材料和知识点之间的关系，知识点之间的关系（如因果、相关等关系）
推论	辨别材料内的各种关系。对论证的合理性做出判断，或是基于证据和前提条件进行合理的论证
语言表达	使用学科语言，用词准确，语意明白，有层次结构，无语病

赵利曼老师认为思辨性阅读的评价框架应该包括内容和能力两个维度。其中，内容维度包括文本来源和文本内容；能力维度包括解释推理、分析整合、评价论证。具体如下表所示：

表6-6 赵利曼提出的思辨性阅读框架

内容维度 能力维度	文本来源	文本内容
解释推理	解释作者的资质或 文本的发布渠道	解释推理文本中的主要观点
		解释推理文本中用以支持观点的证据
分析整合	分析作者或发布机构 真实的写作意图	区分事实与观点
		分析整合文本逻辑
评价论证	评价文本是否由该领域有资质的作者撰写或发布渠道是否权威可信	评价作者观点的可靠性以及作者是否关注了 不同角度的观点
		评价作者为坚持自身立场所使用证据的可靠性
		评价单一文本内容的逻辑性和 跨文本内容的相关性

2. 国际已有研究分析

(1)思辨能力结构的研究

国际社会对思辨能力的研究起步较早,特别是对思辨思维能力的结构进行了比较深入的研究。比较有代表性的框架是美国哲学学会提出的思辨能力结构、经合组织教育研究与创新中心(CERI)开发的思辨能力框架和澳大利亚国家教育研究中心(ACER)的框架。

美国哲学学会运用德尔菲(Delphi)方法,将思辨能力界定为有目的的、自我校准的判断。这种判断导致解释、分析、评估、推论以及对判断赖以存在的证据、概念、方法、标准或语境的说明。其具体表现为:合乎逻辑地论证观点;凭证据讲话;善于提出问题,不懈质疑;反省自身的问题,对异见保持宽容;认识一个命题具有特定的适用范围和概括化的范围;直面选择,果断决策,勇于为自己的选择承担后果和责任。

CERI 从质询(Inquiring)、想象(Imagining)、执行(Doing)、反思(Reflecting)四个维度对思辨能力进行评价。其中,质询是指确定当前问题,质疑和验证事实的准确性、假设的合理性、推理的正确性;想象是指识别和审查其他观点、理论和假设,以便从多个角度考虑这个问题,更好地判定所提出的证据论点和假设的优缺点;执行是个体提出对问题的立场或解决方案,根据现有的观点和推理方式,或新的观点,理性地论证和证明自己的立场或方案;反思是指对自己观点的局限性和不确定性进行自我反思,对其他的观点表现出一定程度的包容。为了帮助教师更好地理解这个框架,CERI 还编制了跨学科的课堂友好版和分学科的课堂友好版,对四个维度的内容进行了精简,以便于教师更好地在教学中实施。但 CERI 是将创新能力与思辨能力作为一个对象来研究,对思辨能力本身的特殊性关注度不够。

澳大利亚 ACER 提出的思辨能力框架包括三个维度和九个方面(aspects)。三个维度分别是:①知识建构:指对信息进行反思和评价。②推理评估:指的是辨别论点、科学理论、陈述、证据和其他观点表述的有效性所需的思维。③决策制定:指与解决问题相关的分析和评估。九个方面包括识别知识差距、鉴别信息、识别模式和建立联系、应用逻辑、识别假设和动机、论证观点、确定决策的标准、评估选择、验证和监测实施。框架中的九个方面可以作为命题的依据,用来编写具体的评估题目,也可以在课堂教学中进行观察,便于教师教学。

(2)思辨阅读相关研究

这类研究的代表是美国阅读学者克劳利(Crawley S.)和芒廷(Mountain

L.)。他们提出（1995），每一次阅读都伴随着思维的参与，思维投入量的大小和复杂程度决定了意义获取的深度和丰富度。根据思维参与的复杂度，克劳利和芒廷借鉴布鲁姆（Bloom）的分类法，提出阅读层次理论，将阅读过程分为三个层次：字面理解阅读（literal reading）、解释性阅读（interpretive reading）和思辨性阅读（critical reading）。这三个层次的阅读之间是渐进和包含的关系，即较低层次的阅读总是包含在较高层次的阅读之中，较高层次的阅读总是以较低层次的阅读为基础。

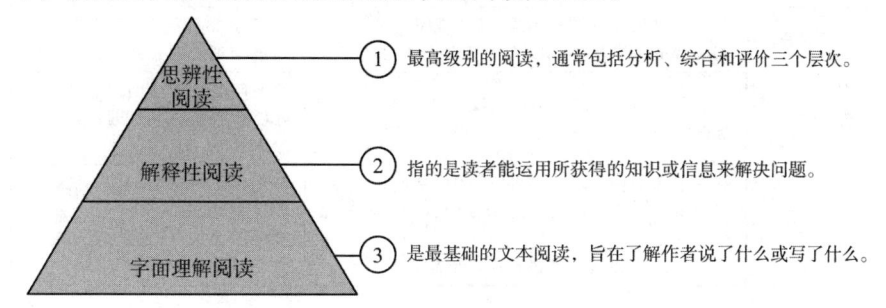

思辨性阅读 ① 最高级别的阅读，通常包括分析、综合和评价三个层次。

解释性阅读 ② 指的是读者能运用所获得的知识或信息来解决问题。

字面理解阅读 ③ 是最基础的文本阅读，旨在了解作者说了什么或写了什么。

图 6-1 阅读三层结构图

其中，思辨性阅读又包含三个层次：分析、综合和评价。在分析阶段，读者需要准确区分事实与观点，辨别事物发生的动机或理由，得出某一结论。在综合阶段，读者需要综合各种信息做出推测。在评价阶段，读者需要对作者的态度、观点和文章的风格特点等做出判断，形成并提出观点。在评价层次，读者的主观性较强，很多情况下没有固定答案。

（三）思辨性阅读与表达评价结构

综合以上研究成果，思辨性阅读与表达的评价结构可以分为内容维度和能力维度两个方面。其中，内容维度包括思辨性阅读与思辨性表达；能力维度包括批判质疑、解释推理、分析论证、评价反思。其中，思辨性阅读与思辨性表达只是评价的两种内容切入点，从思辨性阅读切入，需要以学生思辨性的表达将阅读的结果外显出来；从思辨性表达入手，也需要以一定的思辨性阅读为基础来确保思辨性思维的深度发生，二者相辅相成，有机互促。批判质疑指的是审视、理解材料，并从不同角度提出新问题；解释推理指的是把握发现论点、证据及其论证关系；分析论证指的是全面分析多种可能性，形成自己的观点（方案），并用证据有效支持自己的观点（方案）；评价反思指的是对思维展开的过程及思维的结果进行反思监控，并根据需要做出调整。

具体内容结构如下表所示：

表 6-7　思辨性阅读与表达评价框架

能力维度\内容维度	思辨性阅读	思辨性表达
批判质疑	能识别作者的立场、观点、态度、情感、好恶，提出自己的想法 能识别文本的内容，并提出质疑 能识别材料的来源和可靠程度，并做出判断	能识别命题特定的适用范围，并提出质疑
解释推理	能解释推理文本的观点、态度、假设和前提 能解释推理文本中用以支持观点的证据	能基于命题寻找证据并构建证据与观点的关系
分析论证	能区分事实、观点、材料及其支持关系 能在大量信息中分辨出重要和关键信息	能运用证据支持自己的观点 能够有中心、有条理、重证据地表达
评价反思	能对作者观点、证据等进行评价 能评价单一文本内容的逻辑性和跨文本内容的相关性 能对自己的阅读所得进行评价反思	能对自己的论证进行评价，发现其中的漏洞 能反思监控自己的思维过程，并调整改进

三、思辨性阅读与表达评价工具开发

研制思辨性阅读与表达的评价工具，除了要遵从测验开发的一般规则以外，最重要是提供充分的思维空间，聚焦学生思辨能力进行设计。下面结合具体题目进行说明。

（一）采用真实的问题情境

目前国际、国内对思辨能力的评价大多采用表现评估的思想，以真实事件作为样本，将其改编为测验所需的情境和试题。[1]前面一节已经具体梳理过基于情境任务的测验开发，这里不就这一问题再次展开。针对思辨性阅读与表达，需要强调的有两点，一是用于思辨性阅读与表达的测试情境，要尽可能与学生之间具有相关性；二是情境要提供充分的读写资源。

首先，用于思辨性阅读与表达的测试情境，要尽可能与学生之间具有相关性。思辨作为一种高阶思维活动，需要以认知、理解作为基本前提。所以命题者在设计问题情境时，要从学生的生活经验、学习经验出发，选择学生了解、熟悉的情境作为测试情境。一定程度上，测试情境本身与学

---

[1] 姜力铭，刘玉杰，骆方：《基于真实问题情境的批判性思维测评：现状与挑战》，载《中国远程教育》，2022（12）。

生经验之间的熟悉度会直接影响学生思辨性阅读与表达活动的展开深度。例如，让学生就学校图书馆的图书布置如何优化的问题进行讨论就是一个学生熟悉的测试情境。而让学生讨论在市中心以北建造风力涡轮机的提案，则是一个远离学生经验的测试情境。要避免把与学生既有经验毫无关联的情境作为思辨性阅读与表达的测试情境。

其次，情境要提供充分的读写资源。真实的问题情境往往是不良结构的复杂问题，需要调用多元、多角度、多学科的知识信息才能得以解决。而学生，特别是小学生，受其经验本身的限制，很难同时具备这样的知识信息储备。为了帮助学生能够在所给情境中展开多角度的思考或充分思考问题的多种可能性，测试情境就要提供必要且充分的读写资源。通过读写资源的提供，为学生的深度思考提供刺激和支架，引导学生思辨思维的展开。仍然以学校图书管的图书布置问题为例，学生可以从自身的阅读喜好、图书馆阅读经验出发，还可以结合建筑布局的知识、其他同学的需求、学校现实的可能性、建筑造价等多个角度对这个问题进行思考。但学生自身可能并不具有这么多角度的知识经验储备。为此，测试情境就要提供必要的建筑布局知识、学校现实条件等读写资源，帮助学生从不同角度展开思辨性的思维活动。

（二）创设思辨性的读写问题

思辨性阅读与表达活动需要思辨性问题的引发。为此，命题者不仅要提供真实的情境，还需要聚焦情境中某个思辨性的读写问题，学生围绕这个思辨性的问题展开思辨性的读写活动，呈现其思辨性读写能力的学业发展状况。

思辨性问题应该具备三个关键特征：一是冲突性，二是开放性，三是可视性。

首先，问题应该具有冲突性。问题中要提供不同视角审视的可能，并且这些可能性或角度均有其合理性。这些矛盾冲突能引发学生的读写兴趣，促进其深入思考，学生可以在对冲突的比较辨析中形成理性的认识，并有理有据地表达自己的独到见解，体现思维的理性和独创性。例如，"学校图书馆的图书按照年级分区域摆放有哪些优点？""《桥》一文中的老村长是个什么样的人？"这些问题就不包含冲突，学生并不需要分析多种可能，只需要从某一个角度寻找多个证据即可。如果问题是"学校图书馆的图书应该按照年级分区域摆放，还是按照图书内容分区域摆放？""老村长是不是一位好父亲？"这样的问题都提供了必要的冲突，学生必须要从不同角度比较分析两种方案或认识的优劣，这个过程就是思辨性思维活动展开的过程。

其次，问题要具有一定的开放性。美国学者维·乔纳森提出问题可以分为良构问题和劣构问题两大类。良构问题是指在明确的已知条件范围内运用若干规则和原理来获得同一性解决方法的问题，答案通常是唯一的；劣构问题是指以原有知识为基础，通过多个概念、原理，或超越书本知识、用经验背景来解决的问题，常常具有多种解决方法和途径，难有统一的答案。指向思辨性读写评价的问题一般采用劣构问题的方式，包含多元、复杂的信息，为学生开展推理、分析、比较、综合、论证等思维活动提供足够的空间，允许、鼓励学生自成体系地论证。它不能是已经形成共识的、有唯一标准答案的问题，也不能是简单判断性的问题。例如，火灾发生时高层住户能否乘坐电梯逃生？这个问题是有公认的正确结论的，不适合作为思辨性阅读与表达的测试问题。再如，探究《桥》能够成为获奖小说的原因。这个问题在文本本身规定性的基础上，还给学生提供了自主建构理解的充分空间，是一个开放度比较大的思辨性问题。

第三，问题要能够引发可视的思辨性读写成果。思维具有内隐性、瞬时性和整体性。要考查学生的思维品质，就要将内隐的思维过程外显为可见的行为和学习结果，将瞬时完成的思维活动拆分为逐步展开的活动过程，将整体推进的思维过程细化为一个个关键思维动作。思辨性阅读与表达作为语文学科高阶思维能力的代表，要通过阅读或表达的成果将学生复杂的思维直观化、外显化、过程化。正如课程标准中指出的，思辨性阅读与表达的评价要关注学生在问题研究过程中的交流、研讨、分享、演讲等现场表现，以及活动过程中产生的文字、表格、统计图、思维导图等学习成果，要特别关注学生思考的过程和思维的方法。也正是由于这个原因，在思辨性读写评价的测试形式上，往往选择主观性的题目形式比较多，问题的答案应该能够展现一个复杂的思辨过程，而不是一两个结论性的词语。例如，"学校图书馆的图书应该按照年级分区域摆放，还是按照图书内容分区域摆放？"这个问题如果设计成选择或者填空题，就只是呈现了思维的结果，缺少思维的过程，无法对学生审辨性阅读与表达能力进行评价。如果设计成问答题、论述题，则可以将学生的复杂思维外显化。如果设计成让学生画出对这个问题进行分析的思维导图，则可以外显学生的关键思维动作和完整思维过程，达到思辨性阅读与表达的评价目标。

（三）聚焦关键要素分层评价

思维的发展是一个螺旋提升的过程。在这个过程中不存在对与错，只有发展水平的高与低。为此，指向思辨性阅读与表达的评价，要根据学生的学习成果确定其思维发展水平，避免进行非对即错的二元判断。

首先，聚焦关键要素确定评价标准。

前面已经明确，思辨性阅读与表达的评价包括批判质疑、解释推理、分析论证、评价反思四个关键能力。为此，评价标准要聚焦在这四个关键能力的表现上，避免评价标准的泛化。例如，"学校图书馆的图书应该按照年级分区域摆放，还是按照图书内容分区域摆放"这个问题的评价标准有如下两种设计方案：

表 6-8 图书馆问题评价标准

评价标准 1	评价标准 2
能准确理解所给材料	有明确的观点
能具体论述某一种方法的好处	能运用所给资料中的相关证据支持自己的观点
语言表达清晰流畅	能有条理、有证据、逻辑清晰地表达

这两种评价标准的设计方案，哪一种能够更好地指向思辨性阅读与表达的评价呢？评价标准 1 从理解的准确性、答案的具体性、表达的流畅性三个方面进行评价，这三个指标可以说放在任何一道阅读理解的开放性题目上都可以，缺少指向思辨的针对性。评价标准 2 则从观点的明确性、证据的恰切性、逻辑的清晰性三方面进行评价，这三个指标都仅仅围绕本题的考查要点——分析论证——展开，能够反映学生在思辨性阅读与表达中分析论证维度上的学业发展状况。只有评价标准指向思辨性阅读与表达的关键要素，才能切实反映学生思辨性读写能力的发展状况。

其次，立足思维复杂度划分评价水平。

确定了评价标准的指标维度，还要对学生在具体维度上的水平进行划定，这样才能更加精准地反映学生的实际思维发展状况。这一水平的划定，可以依据课程标准中不同学段具体的学习要求来确定，也可以根据 Solo 评价的相关思想来确定。

根据课程标准中有关思辨性阅读与表达的教学建议可以明确，第一学段评价的重点在于学生的好奇心、自信心和质疑能力；第二学段的评价重点在于区分事实与观点，形成对文本的看法，并利用文本证据表达、支持自己的观点；第三学段的评价重点在于分析证据和观点之间的联系，辨别总分、并列、因果等关系，有条理地表达自己的观点；第四学段的评价重点在于客观、全面、冷静地思考问题，识别文本隐含的情感、观点、立场，体会作者运用的思维方法，观点鲜明、证据充分、合乎逻辑地论证观点。

Solo 分类理论是对学生可观察的学习结果中呈现出的思维水平复杂程度的划分，思辨性阅读与表达是语文学科读写活动中高阶思维的外显形式。二者具有天然的相通性。Solo 分类理论自然也是划分思辨性阅读与表达题目评价指标具体水平的有效工具。命题者可以根据 Solo 分类中的前结构、单一结构、多元结构、关联结构和拓展结构，确定评价标准的具体水平。仍然以图书馆的题目为例。

表 6-9　图书馆问题评价标准水平划定

水平	观点的明确性	证据的恰切性	逻辑的清晰性	对应的 Solo 水平
水平 1	没有明确的观点	尝试给出相关证据	证据与观点之间的逻辑关系不够明确	前或单一结构
水平 2	有自己的观点	能运用资料中的单一证据支持观点	证据与观点之间逻辑清楚	单一或多元结构
水平 3	观点明确、清晰	能运用资料中的多个证据支持观点	能有条理、逻辑清晰地论证观点	多元或关联结构

　　上面这个评价标准的水平划定，就是采用了 Solo 分类的基本思想，根据每个评价指标的核心要求，分别将水平 1—3 与前结构、单一结构、多元结构、关联结构建立大致的对应关系。水平 1 要么完全没有达到评价指标的要求，要么在评价指标上表现出了最低水平。例如证据恰切性的水平 1 "尝试给出相关证据"虽然有了证据，但证据可能并不是来源于文本的，也可能并不是特别恰切，只是与问题相关。水平 2 整体处在单一结构水平上，个别表现触及多元结构。水平 3 整体处在多元水平上，个别表现触及关联结构。如逻辑清晰性的水平 3 "能有条理、逻辑清晰地论证观点"已经达到了对问题的完整把握，基本达到了关联结构。当然，由于这个题目是针对小学生设计的，根据小学生思维发展的实际情况，评价标准中没有涉及抽象拓展结构的相关水平。如果是更高年级的学生作答，评价标准还可以进一步补充抽象拓展结构的水平表现。

　　以上，是以思辨性阅读与表达为例探讨了语文学科高阶思维能力的评价工具开发问题。语文学科的高阶思维能力不仅体现在思辨性阅读与表达中，思辨性阅读与表达的评价研究也才刚刚起步。但指向高阶思维能力的评价是创新型人才培养的加速器，其势必在新时代人才培养的过程中留下浓墨重彩的一笔。

小链接

学校要进行图书馆的升级改造，针对图书的摆放问题，同学们展开了讨论。一年级的张小明提出：应该按照年级分区域摆放，这样每个人都能很快找到想读的书。五年级的王娜娜提出：应该按照图书内容分区域摆放，这样才能满足不同同学的阅读兴趣。

阅读下面给出的三则资料，说一说你对这个问题的想法，并具体说说你的理由。

资料一：

> 图书馆书籍分类原则
> 1. 分区明确，互不干扰。
> 2. 最近距离原则，利用率高的图书取借要方便。
> 3. 高效组织交通，人员出入要便捷。
> 4. 满足每个读者的阅读需求。

资料二：

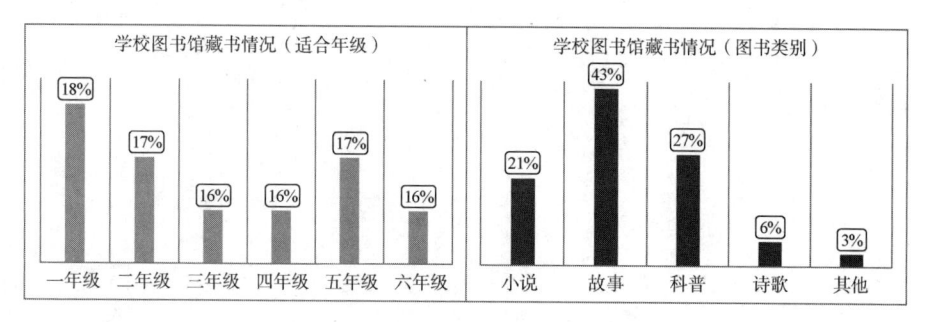

学校图书馆藏书情况（适合年级）
- 一年级 18%
- 二年级 17%
- 三年级 16%
- 四年级 16%
- 五年级 17%
- 六年级 16%

学校图书馆藏书情况（图书类别）
- 小说 21%
- 故事 43%
- 科普 27%
- 诗歌 6%
- 其他 3%

资料三：

大学时，老师曾问我们："假如可以回到童年，你最想做什么？"思考良久，我写下了我的答案——爱上读书。书到用时方恨少，直到面临毕业论文开题，我才顿悟到"书籍是人类进步的阶梯"的内在智慧。假如可以回到童年，我想我一定会让小飞侠彼得潘、窗边的小豆豆、长袜子皮皮成为我最好的朋友。

小学时，我的学校就在县图书馆的旁边，可我却很少去。一来是苦于缺少同伴。独行一人去图书馆对于一个十几岁的毛头孩子来说实在不是一件快乐的事情。二来也是惧怕图书馆卫兵一样排列整齐的"书阵"。每次站在书架前,看着盖过我头顶的书,眼前都一阵眩晕。可越是这样,越是找不到我喜欢的书,它们好像都藏起来了一样,任凭我怎么找也不出现。无奈之下,我只能仓皇逃出图书馆……

延伸探索与思考

1. 你认为除了思辨能力,语文学科还有哪些高阶思维能力?
2. 结合班上学生的实际情况,命制一篇基于真实情境的阅读题。

第三部分
基于评价的小学语文教学改进

第七章 基于纸笔测验的小学语文教学改进

基于评价的教学改进，从根本上是基于问题的教学改进思路。这里所说的问题，可以是在评价过程中发现的问题，也可以是在教学实践中发现的问题，当然也可以是在课程改革推进过程中面临的预期性问题。我们应从问题出发，通过对问题的分析，制定教学改进方案，开展教学改进实践，再次评价、确认改进效果并聚焦新的问题。教学改进就在基于问题改进的螺旋上升过程中得以实现（如图7-1所示）。

图7-1 教学改进的基本思路

第一节 基于评价聚焦改进问题

评价是对学生达到预定标准程度的一种判断。从评价看教学，就是将预期的发展目标、学生的实际发展状况与教学实践对接，主要指以下四个方面的对接。第一，将预期目标（评价要点）与教学内容的对接，反思学科关键问题是什么，教学中是否作为重点进行了培养。这一点主要通过把握试卷考查结构来确定。第二，将预期发展要求（评价要求）与教学要求的对接，反思年级的具体培养要求是什么，教学中的程度把握是否恰当。第三，将考查方式与教学方式的对接，反思教学研究的方向是什么，教学中应该怎样教。这主要通过分析具体题目的考查要求和考查方式来确定。第四，将学生发展实际与教学起点难点的对接，反思学生发展的关键点是什么，教学中如何突破。这一点主要通过分析评价结果来确定。基于评价聚焦改进问题的思路如图7-2所示。

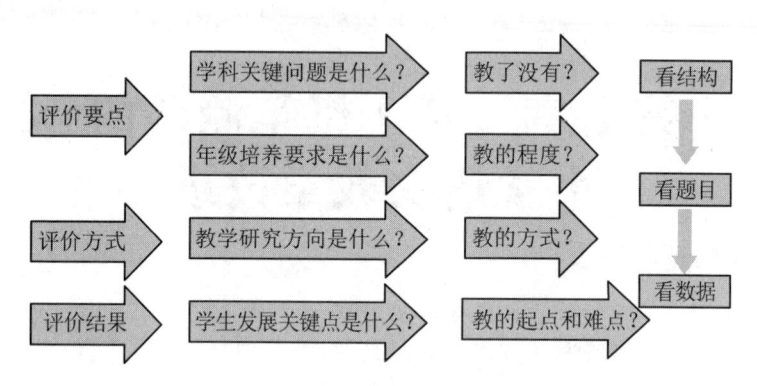

图 7-2 基于评价聚焦改进问题的思路

这里需要特别说明的是，本节所谈的基于评价聚焦改进问题是建立在科学、规范的学业评价基础上的。只有评价本身是经得起推敲的，才能对教学发挥积极的改进作用。

一、解读框架，检验教学目标

教学目标，是教师将其对课程标准的理解，与具体的教材单元、课文内容对接，并基于学生的实际状况，综合确定的关键能力发展要求。学业评价的框架，是命题者根据对课程标准的理解遴选的，能反映学生语文学科素养发展状况的关键能力。二者都是在理解课程标准的基础上形成的对关键能力的描述。区别只是教学目标联系了确定的教学内容与学生，更加具体；评价框架是命题团队合力完成的，在一定时间内相对稳定。二者在对语文学科关键能力的理解上应该是一致的。也就是说，评价的能力要点，应当和教学目标的能力指向是一致的。通过比较教学目标与评价框架之间的一致程度，可以反思学科的关键能力是什么，教学中是否作为重点进行了充分的培养。

下面是一份五年级试卷中阅读部分考查能力梳理表（如表 7-1 所示），具体梳理了每道题目考查的能力指向。将相同能力指向的题目进行归并，可以得到本次阅读评价关注的几个重要能力：提取信息、整体感知、形成解释、做出评价和解决问题（如表 7-2 所示）。

表 7-1　试卷能力梳理

题号	考查能力	题号	考查能力
15	解决问题——解决实际问题	27.（1）	提取信息——直接信息
16	解决问题——解决实际问题	27.（2）	解决问题——解决语言运用中的问题
17	形成解释——理解词语	28	形成解释——理解词语
18	形成解释——理解关键词句	29	提取信息——隐含信息
19	形成解释——理解关键情节	30	整体感知——抓住段落的主要内容
20	提取信息——多处信息	31	做出评价——评价语言表达
21	整体感知——概括短文的主要内容	32	整体感知——抓住短文的要点
22	形成解释——理解人物行为	33	做出评价——评价语言表达
23	做出评价——评价人物形象	34	提取信息——直接信息
24	整体感知——把握表达顺序	35	做出评价——评价语言表达
25	整体感知——概括短文的主要内容	36	提取信息——多处信息
26	整体感知——把握短文的情感	37	整体感知——篇章结构

表 7-2　试卷能力归并

题号	考查能力	题号	考查能力
27.（1）	提取信息——直接信息	17	形成解释——理解词语
34		28	
29	提取信息——隐含信息	18	形成解释——理解关键词句
20	提取信息——多处信息	19	形成解释——理解关键情节
36		22	形成解释——理解人物行为
30	整体感知——抓住段落的主要内容	23	做出评价——评价人物形象
21	整体感知——概括短文的主要内容	31	做出评价——评价语言表达
25		33	
32	整体感知——抓住短文的要点	35	
26	整体感知——把握短文的情感	15	解决问题——解决实际问题
24	整体感知——把握表达顺序	16	
37	整体感知——篇章结构	27.（2）	解决问题——解决语言运用中的问题

我们比较这五个关键能力的题量就可以直观地发现，对五年级的学生而言，整体感知和形成解释是最重要的能力，这和我们对五年级学生阅读能力发展的要求是一致的。通过中年级段的学习，学生应该已经具备了提取信息的能力，这里不再作为重点。特别是直接信息只考查了1道题目，作为诊断的基础，重点考查对多处信息的完整提取。进入五年级，做出评价的能力慢慢成为阅读发展的重点，但五年级只是起步，所以也不是重点。整体把握文本的内容和结构是高段阅读能力发展的重点，也是学生实际学习中的难点。这里着重考查的内容，既有段的感知，也有篇的感知；既有内容的感知，也有情感和结构的感知。

将这样的测验结构与具体阅读教学的目标对接，就可以发现日常教学中是否完整覆盖并突出了这些重点能力的学习过程。

《军神》第二课时教学目标：

1. 能够借助思维工具，梳理文章写作顺序，概括文章主要内容；

2. 在活动情境中，通过设计问题清单，关注文本中描写人物动作、语言、神态的语句，体会人物的内心活动，完成小记者访谈活动；

3. 通过学习，能说出刘伯承的意志品质，继承革命先辈的优秀品质，传承红色基因，树立作为祖国接班人的责任感与使命感。

我们将上面的测验结构与《军神》一课的教学目标对接，可以发现本节课的教学重点突出了整体感知文本内容、对人物内心形成解释以及感受评价刘伯承品质三个关键能力。教师在教学过程中，也必然会基于对信息的提取这一能力要求展开教学，整节课覆盖了对关键阅读能力的培养。

当然，并不是每节课的教学目标都一定要完整覆盖所有的重点能力，教师可以根据教学内容的特点和不同的课时确定培养的侧重点。但整体的教学目标，应该要完整覆盖目标能力，这样才能在教学过程中切实落实对相关能力的培养。

二、解读命题，了解教学方向

题目的考查方式和考查的难易程度都反映了命题者对教学方向和学生总体发展期许的理解，通过对题目进行细致的解读，可以帮助教师了解自己教学的具体要求和教学的方式是否适切，如下面两道题目。

1."器重"一词的意思是_____。

2.下列词语和"哥哥得到了单位的器重，工作更加努力了"中"器重"意思最接近的是_____。

A. 重视　　　　B. 体谅　　　C. 关心　　　D. 尊重

同样是考查学生对"器重"一词意思的理解，两道题目考查的方式不同，代表了对语言学习的不同理解。第1题采用的方式是让学生复现词语的意思，强调识记和复现在语言学习中的重要作用。第2题采用的方式是让学生在具体的语境中感受词语的意思，并通过找近义词的方式外化自己对词义的理解，强调语言的根本功能在于运用，强调语境对于理解和运用语言的重要作用。

这两道题目会带来两种不同的教学方式。第1题，教师在教学中必然会强调学生对每一个应知应会词语意思的准确识记。为了确保达到这一点，学生就要大量、反复记忆词语的意思。这样，学习中机械复现的程度就会高一些。第2题，教师在教学中不必强调词语意思的准确识记，但要关注学生是否具有结合语境理解词语意思的能力。为了发展学生的语言理解能力，教师就要引导学生反复进行语言实践，逐步学会在理解语境意思的基础上理解词语的意思。这样，学习中指向能力、素养的因素就会高一些。教师根据对题目形式、难度、命题角度等因素的具体分析，就可以把握教学的导向和具体要求，从而更好地开展和调整自己的教学实践。

教师在分析命题过程中，不仅要对单个题目的命制方式和思路进行分析，还要对整组题目进行分析，获得对教学的启发。

沙漠落日

还没上火车，我就听说沙漠的傍晚是胜景，于是就留心起来了。

列车刚刚驰上沙漠时，正是夕阳西下的时间。在茫茫的沙海中奔波了一天的太阳，此时又红又大，看起来也不似白天那般耀眼了。原来荒凉的沙漠，披上了一层柔和的色彩。这时，天空中的云朵儿也似着了一件淡黄的衫儿，飘浮不定。随着这件云衫儿色彩的加浓，橙红的太阳也渐渐接近地平线了。

当橙红的太阳挨到地平线的一刹那，天地间好像忽然变了样儿：西边天上胭脂红的云悠闲地飘在那晶莹透彻的碧空上。在蓝天、彩云的衬托下,沙丘上的沙生植物,好似生在凌霄上的仙花瑶草一般。偶尔掠过的鸟雀,也给这静态的美添上了一丝动的生机……

太阳只剩半个了,但仍不肯马上走到山丘那边。深蓝的天空被强烈的霞光映得不那么蓝了。满天绯红的云似裱在浅蓝油光纸里重重叠叠的花瓣儿。整个沙漠被霞光笼罩着,色彩变得柔和极了。一队队晚归的骆驼出现在那线条优美的沙丘上,它们从容不迫地迈着阔步,高耸的驼峰和庞大的身体也描上了一层霞光。

太阳终于下去了,天渐渐暗下来了,曾经绚烂的云变成了深褐红色。大漠的雾渐渐浓了,白天热得炙人的暑气渐渐地沉入了深沉的暮色。

1. 短文描写的是_____的迷人景象。

2. 有人说第三自然段描绘的景色像是一幅色彩浓烈的油画。如果要把这幅画画下来,要画的景物除了橙红的太阳之外,还有_____的_____、_____的_____、_____的_____和_____的_____。

3. 在短文第二至第五自然段的描写中,时间在变化,天边云朵的颜色也在变化,仿照例子填写表格。

太阳的状态		太阳挨到地平线	
云朵的颜色	淡黄的		

4. 在短文第四自然段"太阳只剩下半个了,但仍不肯马上走到沙丘那边"一句中,"走"的意思是_____。

5. 文中有很多句子十分精彩。找出你最喜欢的一句。用"～～"画出来,并写出喜欢的原因。

上面这个阅读文段,共有 5 道测验题目。整体分析这 5 道题目可以发现,这篇短文除第 4 题涉及关键词语的意思外,几乎没有考查对语句本身的解释。具体来看,第 1 题考查整体感知能力,强调阅读之后的整体画面感;第 2 题考查提取信息能力,强调具体的画面内容;第 3 题也考查提取信息能力,但强调画面的变化;第 5 题考查语句的欣赏评价,强调对散文语言的品析。几道题目虽然指向不同的阅读能力,但都突出了写景散文本身的特点,强调写景散文的阅读重在对画面的把握。联系教学实践，这样的题目是在提示教师：不同文体有不同的阅读方式，只有关注文体本身的特点，按照不同文体的特点展开阅读教学，才能让学生提高阅读效率，开展有效阅读。写景散文的教学，要避免对语句的细碎追问与分析，避免追求统一的、结论性的理解，而要强调在信息获取基础上的画面整合，强调联系在既有经验基础上对画面的个性化建构，使得不同的学生在阅读中能够获得既多元又符合作品规定性的感受和体验。在这个过程中，也要强调对优美语言的关注，提升学生的审美品位。

在对题组进行分析的过程中，教师不仅要关注题目之间的共性，还要关注题目之间的联系。

三打白骨精（节选）

①白骨精摇身变成了一个年轻女子，提着一个菜篮子走到他们面前，说道："长老，小女子带了一些饭菜，看长老们都已经饿了，不如先拿去吃吧。"

②八戒高兴地接过了菜篮子。唐三藏推却道："女施主还是留着去拜佛吧，我那徒弟已经去摘果子去了。"

③这时，悟空已经摘完桃子回来了，抄起金箍棒就要打这个女子。原来，他用火眼金睛认出女子是妖精变的，知道她要对师父不利。唐三藏是肉眼凡胎，见悟空要打这个女子，赶忙拉住了他。"师父，这女子是个妖精，是要吃了你的！"悟空不由分说就把白骨精打死了。

④白骨精化成一缕轻烟逃走了。唐三藏只看见妙龄少女被打死了，吓得连连后退，说道："你这泼猴，竟然无故打死人家女子，我……我要念紧箍咒了！""师父，你错怪我了，这女子的确是妖精，不信你看！"说着他踢翻了白骨精提着的菜篮子，里面全是些癞蛤蟆、蝎子、蜘蛛在爬来爬去。八戒在旁添油加醋道："师父，别信猴哥的，他是怕师父念紧箍咒，变个戏法糊弄你呢！"唐三藏信了八戒的话，闭起眼睛念起了紧箍咒，悟空疼得直打滚儿。唐三藏对悟空说："你如此顽劣不改，我也教不好你了，你回花果山去吧。"悟空连忙求饶："师父，我再也不敢了，你就给弟子一次机会吧！我还要保护师父去西天取经呢！"一听悟空这么说，唐三藏也心软了，只念了几遍紧箍咒便饶过了他，警告他再也不许无故伤人性命。

⑤白骨精并没死心，又变成一个八旬老妇，脑后梳着一个发髻(jì)，驼着背，手里还拄着一根拐杖，一边哭着寻找女儿，一边朝他们走来。悟空眼珠一转，心想：那女子本就是妖精变的，怎会有个妈妈？他跳到半空中张望，一看果然是妖精，于是不由分说举起金箍棒就把她打死了。白骨精又化成一缕轻烟逃走了，只剩下一副老妇人的躯壳。

⑥唐三藏气得指着悟空不知道说什么好，足足念了二十遍紧箍咒，可怜悟空疼得在地上怎么打滚儿也不停。唐三藏道："你这泼猴，打死一个又一个，分明是你自己顽劣成性不知悔改，伤了两条无辜性命，我教不好你了，你……你快回你的花果山吧！"

⑦悟空说："回花果山也行，不过师父你得把我头上这个箍儿给摘了，戴着它，我的猴子猴孙会笑话我的！"唐三藏不知道如何摘掉这个头箍，便又给了孙悟空一次机会。

⑧白骨精哪里肯善罢甘休，又摇身变成一个老公公，拄着拐杖，拿着佛珠，口中念着佛经，颤颤巍巍地朝唐三藏师徒走来。老公公说自己出来寻老伴和女儿，悟空知道他是在扯谎，刚要举起金箍棒把他打死，可转念一想，先叫来了山神和土地公为自己作证，然后才一棒子把妖精打死。妖精现了原形，原来是一堆骷髅(kū lóu)。

⑨唐三藏吓得差点儿从马上跌落下来，悟空马上解释道："师父这下相信了吧，这的确是个妖精！"八戒又在旁边添油加醋地说道："他怕你又念那个什么紧箍咒，就把那老头变成骷髅，用障眼法骗你呢！"

⑩唐三藏任凭悟空怎么解释都不听，念起了紧箍咒，也不管悟空疼得满地打滚儿，念完之后冷冷地说道："你这泼猴，一连伤了三条人命，我当不了你师父了，你快回花果山去！"并写下了一纸贬(biǎn)书，断绝了跟孙悟空的师徒关系。

1. 短文中白骨精一共变化了三次，第一次变成了＿＿＿＿，第二次变成了＿＿＿＿，第三次变成了老公公。

2. 白骨精前两次变化后都被识破了，请联系上下文简要写出白骨精第三次变成老公公有哪些理由。

＿＿＿＿＿＿＿＿＿＿＿＿＿＿＿＿＿＿＿＿＿＿＿＿＿＿＿＿＿＿

3. 短文在情节上有很多相似之处。请提炼相似的情节，选择填空。

A. 悟空打死妖精　　B. 断绝师徒关系　　C. 悟空分辨出妖精

妖精变化—（　　　　）—（　　　　）—唐僧念紧箍咒—（　　　　）

4. 短文写了孙悟空三次打死白骨精的过程。四位同学用图呈现了自己对"三打白骨精"情节之间关系的理解。你认为他们中理解得最恰当的是_____。

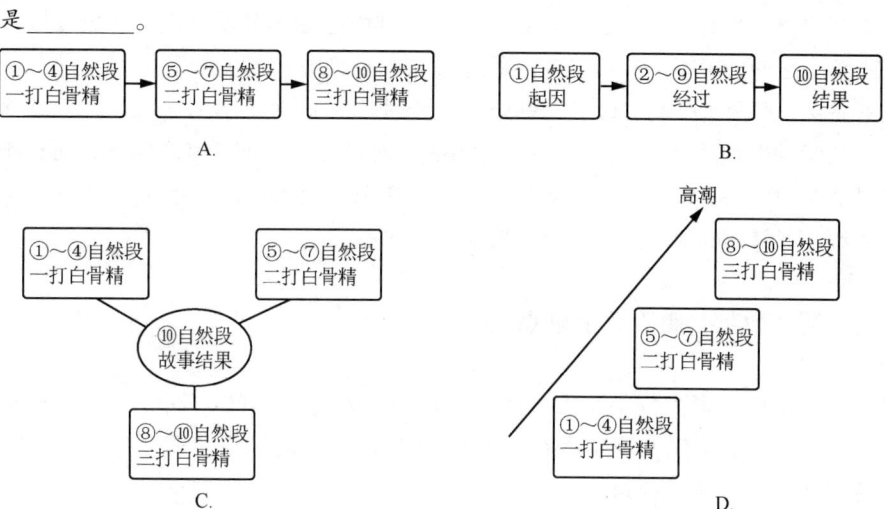

A. ①～④自然段一打白骨精 → ⑤～⑦自然段二打白骨精 → ⑧～⑩自然段三打白骨精

B. ①自然段起因 → ②～⑨自然段经过 → ⑩自然段结果

C. ①～④自然段一打白骨精、⑤～⑦自然段二打白骨精、⑧～⑩自然段三打白骨精 → ⑩自然段故事结果

D. （高潮）①～④自然段一打白骨精 → ⑤～⑦自然段二打白骨精 → ⑧～⑩自然段三打白骨精

5. 读完这篇短文，孙悟空给你留下了怎样的印象？结合文中孙悟空的表现，写出你的看法和理由。

_____

6. 短文中除了主要人物，还多次描写了猪八戒的表现，这是为了_____。

　A. 刻画出猪八戒既贪吃又对妖精不设防的形象。
　B. 推动情节发展，使唐三藏加深对悟空的误会。
　C. 表现八戒一直嫉妒悟空的本事，所以陷害他。
　D. 突出妖精的变化多端，根本无法识破真面目。

上面这个例子，围绕三打白骨精这个片段命制了 6 道题目。这 6 道题目联系起来看，第 1、第 2 题考查的是学生对文本关键信息的获取和关键情节的理解能力，这是深入阅读的基础；第 3、第 4 题聚焦在情节上，一道强调情节之间的相似性，另一道强调情节之间的关系；第 5 题考查对人物形象的把握；第 6 题考查侧面描写对塑造人物形象、推动情节发展的作用。从情节到人物，从内容到写法（侧面描写），6 道题目引导学生经历了小说阅读的一般性过程，将之与教学相联系就可以发现，题目暗含的教学导向是要关注学生在不同文体阅读中的过程。不同文体的阅读方法不是靠教师的讲授传递给学生的，教师要引导学生经历阅读不同文体的特定过程，帮助学生掌握不同文体的阅读方法。

当然，单独看这 6 道题目也可以发现其中包含的教学导向。如第 4 题考查情节之间的关系，采用了图示的方式直观呈现对情节的划分以及情节之间的关系，避免了并列、递进、总分等概念性的词语对学生的干扰。其中暗含的教学导向是小学语文学习的重点不在于对概念、知识本身的掌握，而在于对概念的理解、领会和灵活运用。同时，四个选项的设计采用了 SOLO 分类理论，可以更好地区分学生思维发展的水平。

三、解读数据，明确教学难点

基于评价聚焦教学改进的问题，还可以从数据入手。教师通过对评价数据的分析，可以发现学生在学业能力发展中的优势与薄弱环节，并根据薄弱环节进行教学改进。

图 7-3 直观地呈现了学生在某次评价中各个关键能力上的得分率。从中可以直观地发现，学生在字词和习作上的整体表现优于其在阅读上的表现，特别是对字音的掌握和对文章结构的分析，是学生能力发展中的优势项目。同时，也可以发现学生对字义的理解是字词学习中的薄弱项目，典型内容的选取是习作中的薄弱项目。在阅读中，学生做出评价的能力是最

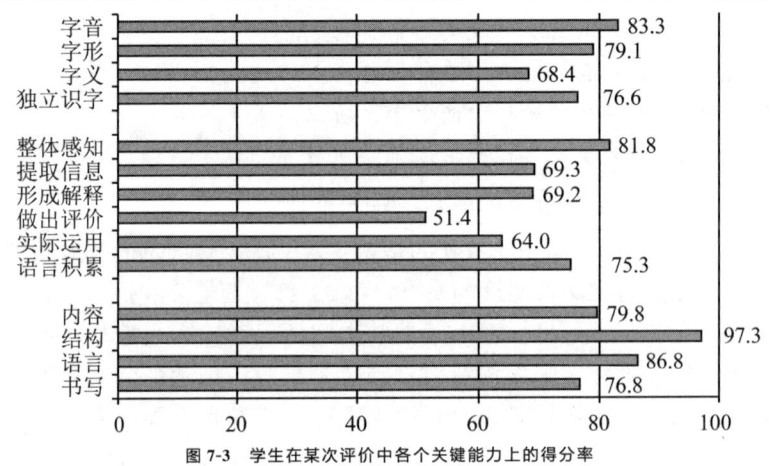

能力	得分率
字音	83.3
字形	79.1
字义	68.4
独立识字	76.6
整体感知	81.8
提取信息	69.3
形成解释	69.2
做出评价	51.4
实际运用	64.0
语言积累	75.3
内容	79.8
结构	97.3
语言	86.8
书写	76.8

图 7-3 学生在某次评价中各个关键能力上的得分率

弱的，只有51.4%的得分率。而且，值得关注的是，提取信息作为阅读能力发展的基础，学生的得分率只有69.3%。学生提取的信息不准确、不完整，会直接影响到对关键内容的理解和做出评价等能力的表现。由此，教师就可以确定下一步教学的难点要聚焦在理解字义、提取信息和围绕中心选择典型内容等方面。这样确定的教学难点，是基于对学生实际发展状况的准确判断的，更有利于提高教学的针对性和有效性。

在大规模的学业评价项目中，对数据的分析往往是对试卷、问卷、课堂观察等多方面结果进行的综合研判。教师可通过试卷的数据发现学生学业发展中存在的主要问题，分析问卷关联可能的因素，观察课堂以确认问题与相关因素之间的因果关系，最后确定改进教学的基本思路。

仍然以上面的学生得分率为例，通过对学生得分率的分析，我们可以发现学生能力发展中存在的主要问题是阅读——学生的阅读能力整体偏弱。基于这个问题，可以联系问卷中的相关内容进行关联性的分析：一方面是有哪些学习中的因素影响学生阅读能力的发展；另一方面是有哪些教学中的因素会影响学生阅读能力的发展。通过分析，从问卷中发现学生阅读策略的掌握程度对他们学业表现的解释率是13.18%，教师提问的质量对学生学业表现的解释率是10%。也就是说，学生阅读学业表现很大程度上受到他们阅读策略的掌握情况以及教师课堂提问质量的影响。那教师的课堂提问状况如何呢？笔者对三至六年级共二十节课进行了课堂观察，分析了教师课堂提问的质量，得到了如下结果（见表7-3至表7-5）。[①]

表7-3 教师的提问指向分析

年级	提问指向					学法获得（4.4%）	其他（4.2%）
	文本理解（91.4%）						
	提取信息（18.5%）	整体感知（16.6%）	形成解释（35.2%）	做出评价（12.0%）	联系实际（9.1%）		
三年级（%）	17.2	6.1	46.5	16.1	11.1	3.0	0
四年级（%）	26.4	12.1	36.2	8.0	9.8	2.9	4.6

---

① 李英杰：《小学语文课堂提问与理答的现状及反思——基于对20节录像课的分析》，载《基础教育课程》，2016(3)。

续表

年级	提问指向					学法获得 （4.4%）	其他 （4.2%）
	文本理解（91.4%）						
	提取信息 （18.5%）	整体感知 （16.6%）	形成解释 （35.2%）	做出评价 （12.0%）	联系实际 （9.1%）		
五年级（%）	15.3	18.3	29.0	9.2	10.7	4.5	13.0
六年级（%）	14.0	25.3	32.8	15.6	5.9	6.4	0

表 7-4 学生就教师所提问题给出的答案的类型分析

答案类型	三年级（%）	四年级（%）	五年级（%）	六年级（%）	总百分比（%）
依据原文直接回答型答案	30.9	28.6	20.3	32.2	27.3
是非判断型答案	1.8	27.0	22.7	17.8	21.0
简单评价型答案	23.6	14.6	13.3	22.2	16.8
论述型答案	43.7	24.3	28.1	25.6	27.9
其他	0	5.5	15.6	2.2	7.0

表 7-5 教师的理答方式分析

理答方式	三年级（%）	四年级（%）	五年级（%）	六年级（%）	总百分比（%）
对学生的回答补充或引申	43.3	27.7	37.4	46.9	35.4
教师代答	5.0	7.1	6.1	2.0	5.9
让其他学生再回答	41.7	23.4	25.3	8.2	24.8
重复问题	0	15.8	5.6	4.1	8.6
重复学生答案	1.7	12.5	12.5	20.4	12.1
再提出另一个问题	8.3	11.4	11.1	18.4	11.6
其他	0	2.1	2.0	0	1.6

如表 7-3 至表 7-5 所示，通过对教师的课堂教学进行观察，梳理教师课堂提问的指向，笔者发现教师的提问指向主要集中在对文本本身的理解上，指向方法策略的问题所占比例较少，只有总问题数量的 4.4%。显然，

如何在关注文本理解的同时加强对学法的指导,是大多数教师需要反思的一个问题。在指向文本理解的问题中,超过三成的问题都是指向于形成解释的。三至六年级均是以解释类的问题为主,从年级之间在阅读能力培养上看不出明显的侧重点和梯度。从教师提问所指向的答案类型看,有27.3%的问题答案就是课文的原文,还有21.0%的问题指向是非判断型答案,也就是说有近半成的问题的思维含量都非常低,真正需要学生深入思考的问题只有27.9%。从不同年级来看,在六年级课堂中,教师对学生的思维要求低、论述性问题占比少的情况更加突出。我们再对教师的理答方式进行分析:12.1%的理答是以重复学生答案的方式呈现的,8.6%是以重复问题的方式呈现的,11.6%是以引出另一个问题的方式呈现的,甚至还有5.9%是教师直接代替回答的。特别是六年级,重复学生答案的比例高达20.4%,再提出另一个问题的比例则为18.4%。这些数据说明,教师的理答并没有充分发挥引导学生思维发展、理解深入的作用。由此可以确认,教师提问质量的改善是下一步进行课堂教学改进的重要内容,可以重点研究如何在课堂上提高问题的思考价值,设计问题的梯度,增加问题的开放度等。

第二节 基于问题设计评价诊断

发挥评价对教学的诊断改进作用,不仅可以从评价中发现教学改进的问题,还可以将教学实践中发现的问题设计为评价的内容,通过评价对问题进行全面、客观、深入的分析,基于实证数据确认教学中的问题和改进问题的思路,避免经验分析中可能存在的偏差。

命题者首先需要准确理解课程标准的要求以及课改的相关理念,在此基础上与课堂教学实践进行对接,依据经验或者感觉判断教学中可能存在的问题;其次根据初步发现的问题,设计完整的诊断评价体系,包括试卷、问卷等不同的评价调研方式,也包括教师、学生等与问题有关的不同因素;最后对评价的结果进行分析,确认相关因素并寻找相关因素之间的联系,拟定改进教学的方案(如图 7-4 所示)。

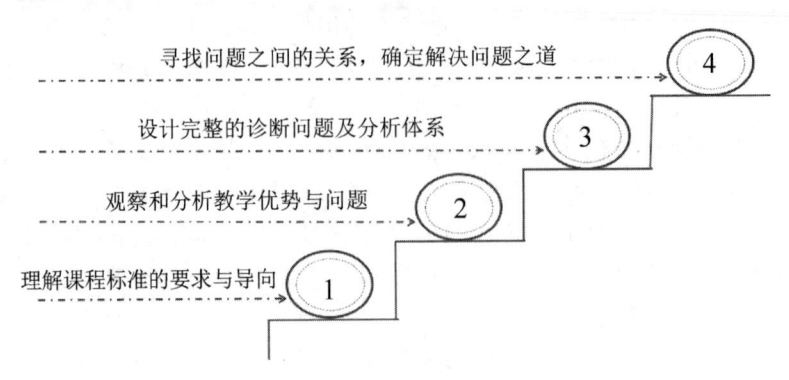

```
          寻找问题之间的关系，确定解决问题之道    ④
      设计完整的诊断问题及分析体系        ③
    观察和分析教学优势与问题      ②
  理解课程标准的要求与导向   ①
```

图 7-4　基于问题设计评价进行教学诊断的思路

下面以一个具体实例说明这一过程。

首先，语言学习与思维发展紧密相关，教师应关注学生在语文学习过程中思维品质的发展。课程标准将思维能力作为核心素养的重要内容之一，教师在实际教学中更应该重视对学生思维品质的培养。由此，确定了评价聚焦的问题——思维品质的培养。

其次，对课堂教学进行观察，分析实践中对思维品质培养的现状。

《为中华之崛起而读书》教学片段如下。

教师：通过上节课的学习，我们了解到课文主要写了三件事，大家能简单说说吗？

学生1：第一件事是周恩来立志要为中华崛起而读书。第二件事是周恩来刚到沈阳就听伯父说"中华不振"，这使他疑惑不解。第三件事是周恩来在租界里亲眼看到一位中国妇女受到欺侮，围观的中国人却怒不敢言。

教师：谁能按照事情发展顺序整体说说课文的主要内容？

学生2：周恩来听到伯父说"中华不振"，他并不明白。后来在租界里亲眼看到一位中国妇女受到欺侮，围观的中国人却怒不敢言，这才理解了"中华不振"的含义，所以后来他立志要为中华崛起而读书。

教师：先弄清楚每件事讲了什么，厘清这些事情的关系，然后把几件事情连起来，就可以概括文章的主要内容。年仅12岁的周恩来为什么会有如此远大的抱负和胸怀呢？这节课我们就来一起探寻他立下远大志向的原因。

教师：刚才我们已经知道周恩来耳闻目睹了"中华不振"，这个词语也在文中多次出现。那么，周恩来是从哪些地方感到"中华不振"的呢？

（教师出示学习提示：默读课文，请用横线画出周恩来感到"中华不振"的语句，并在旁边简单批注。学生自主学习。）

教师：谁来汇报你找到的句子？

（学生读找到的句子，师生共同交流对句子的理解。）

由上面这个教学片段可以发现，教师将主要的注意力集中在寻找问题的答案上，问题的思维含量都比较低，并没有将对学生思维品质的培养作为教学的重点之一，思维的培养有名无实。

再次，设计具体的评价内容，用数据来验证前面的课堂观察、经验推断是否正确，同时也用数据寻找可能的相关影响因素。举例来说，命题者设计了如下评价内容（如表 7-6 所示）。

表 7-6　围绕培养思维设计的评价内容

试卷	思维完整性	概括第五自然段的主要内容
	思维独立性	你觉得文中的"我"这样做值得吗？结合文章内容写出你的看法
	思维综合性	填写"好书推荐单"，为大家推荐一本好书
问卷	重视度	教学中最关注的能力
	培养策略	阅读方法策略、背诵情况
	批判质疑	提问、质疑能力的培养

从表 7-6 中可以看到，试卷中的三个题目分别指向思维品质的三方面：完整性、独立性和综合性。通过这三道题目可以对学生的思维品质发展现状做出客观、准确的判断。问卷设计了三个方面的调研问题，分别是教师的重视度、思维培养的策略以及对批判质疑等高阶思维的培养情况。

最后，根据实际评价调研的结果，我们可以对思维品质培养的现状及影响因素做出全面的分析，得到一些基本的认识。

基本认识 1：学生的思维品质发展状况确实不理想。对学生在试卷中的表现进行分析可以发现：在反映思维完整性的题目上，学生能够整体把握三个要素的比例是 61.7%；在反映思维独立性的题目上，几乎所有学生都接受了文本中主人公的做法，只有 0.3% 的学生提出了不同的看法；在反映思维综合性的题目上，没有学生能够把整本书的表达和内容整合起来思考，87.1% 的学生是基于书中的内容完成推荐任务的（如表 7-7 所示）。

表 7-7　学生思维品质现状分析

思维完整性		思维独立性①		思维综合性	
完全错误	2.0%	认为值得	97.2%	泛泛分析	5.3%
关注 1 个点	8.4%	认为不值得	0.3%	从表达角度分析	7.6%
整合 2 个点	27.9%			从内容谈角度分析	87.1%
整合 3 个点	27.6%				
完整、简洁地把握 3 个点	34.1%				

基本认识 2：教师对高阶思维的培养不够重视。从教师认为学生最需要发展的能力看，相当一部分教师将识字、提取信息、语言积累等基础能力排在了首位；能够将整体感知、评价鉴赏等要求高阶思维的能力排在首位的教师只占三分之一左右（如图 7-5 所示）。

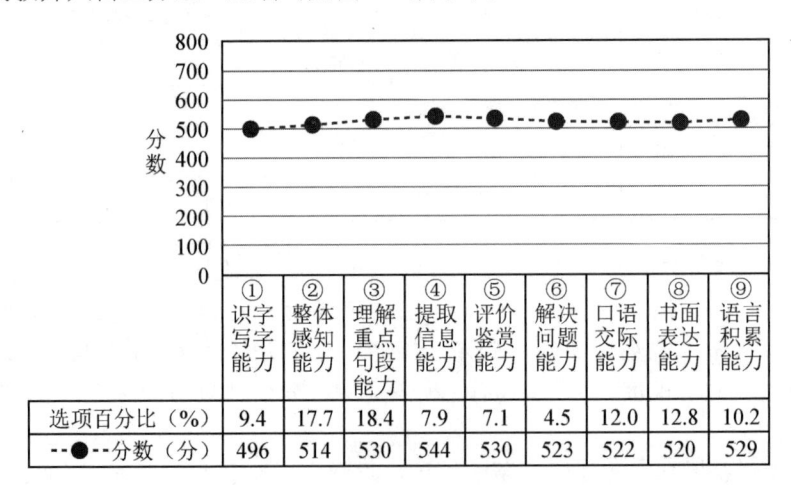

	①识字写字能力	②整体感知能力	③理解重点句段能力	④提取信息能力	⑤评价鉴赏能力	⑥解决问题能力	⑦口语交际能力	⑧书面表达能力	⑨语言积累能力
选项百分比（%）	9.4	17.7	18.4	7.9	7.1	4.5	12.0	12.8	10.2
--●--分数（分）	496	514	530	544	530	523	522	520	529

图 7-5　教师认为学生最需要发展的能力分析

基本认识 3：背诵对思维水平的提升影响不大。下面是有关背诵的两道问卷题目，从中可以发现每次考试前背诵优秀作文的学生，学业分数低于不背诵的学生；老师要求背诵作文主要内容的学生，学业分数低于不要求背诵的学生（如图 7-6 所示）。

---

① 有 2.5% 的学生未答此题。

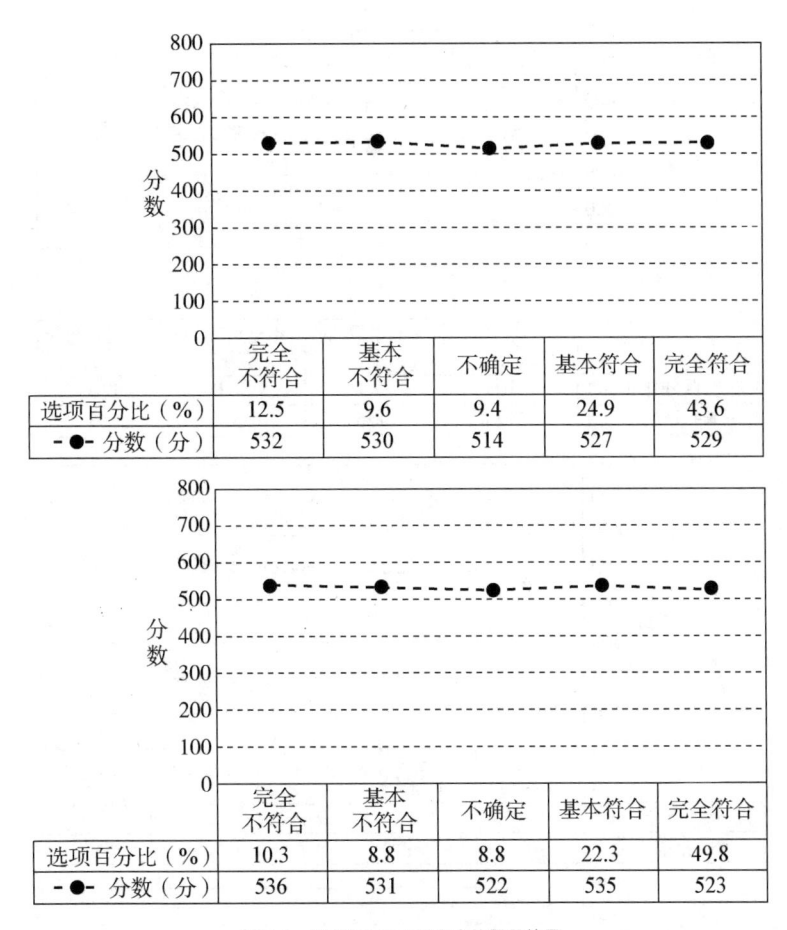

选项	完全不符合	基本不符合	不确定	基本符合	完全符合
选项百分比（%）	12.5	9.6	9.4	24.9	43.6
-●- 分数（分）	532	530	514	527	529

选项	完全不符合	基本不符合	不确定	基本符合	完全符合
选项百分比（%）	10.3	8.8	8.8	22.3	49.8
-●- 分数（分）	536	531	522	535	523

图 7-6 背诵作文及主要内容的题目结果

基本认识 4：发展批判质疑能力是提升思维水平和语文学业水平的突破口。从下面四道题学生的表现与其学业分数之间的关系看，具有倾听发言后发表自己看法、主动进行深入思考、有意识利用资料支撑观点、主动反思等特征的学生，学业表现高于其他学生。这些特征同时也是学生是否具有批判质疑能力的标志。也就是说，教师应从发展学生的批判质疑能力方面提升学生的学业表现（如图 7-7 所示）。

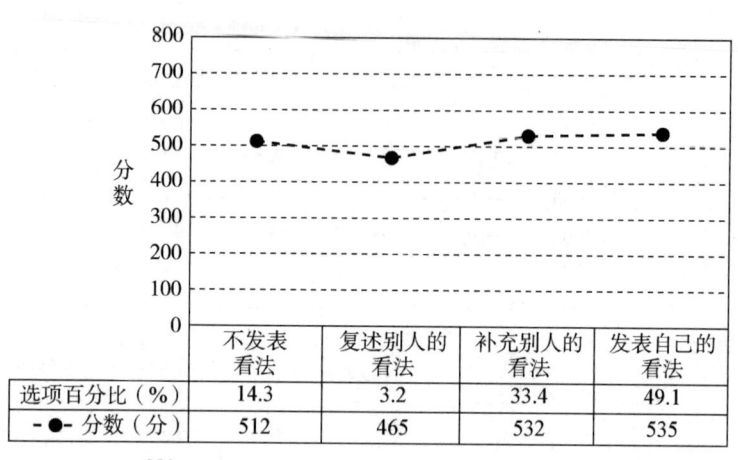

	不发表看法	复述别人的看法	补充别人的看法	发表自己的看法
选项百分比（%）	14.3	3.2	33.4	49.1
-●- 分数（分）	512	465	532	535

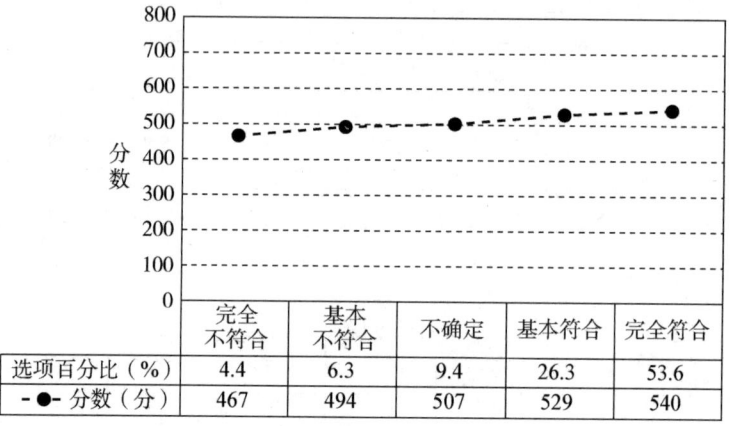

	完全不符合	基本不符合	不确定	基本符合	完全符合
选项百分比（%）	4.4	6.3	9.4	26.3	53.6
-●- 分数（分）	467	494	507	529	540

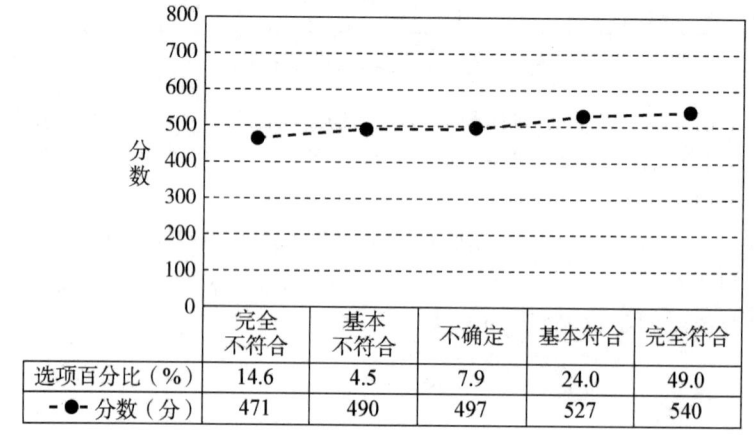

	完全不符合	基本不符合	不确定	基本符合	完全符合
选项百分比（%）	14.6	4.5	7.9	24.0	49.0
-●- 分数（分）	471	490	497	527	540

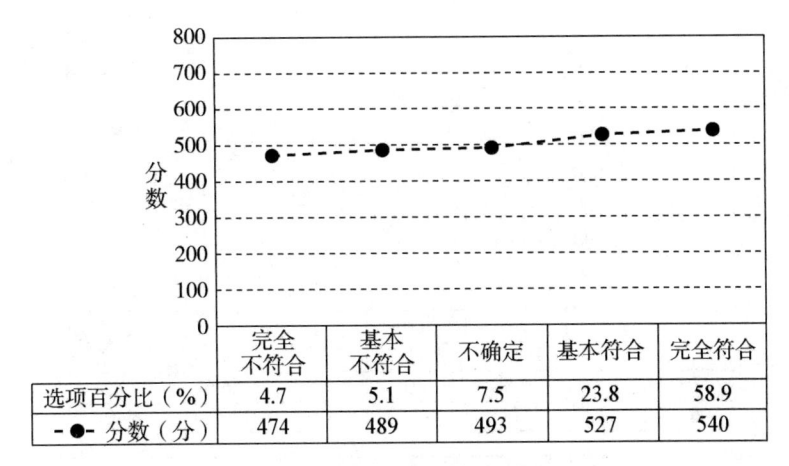

第七章 基于纸笔测验的小学语文教学改进　　175

	完全 不符合	基本 不符合	不确定	基本符合	完全符合
选项百分比（%）	4.7	5.1	7.5	23.8	58.9
-●- 分数（分）	474	489	493	527	540

图 7-7　指向批判质疑能力的题目结果

基本认识 5：思维的提升与培养，在教学中会落实为一系列基于文本的学习、思考的方法。从学生掌握阅读方法策略与学业表现之间的关系看，学生对策略的掌握情况越好，学业表现就越高。如果思维的提升能够落实为学生掌握的具体的学习方法与策略，一方面便于教师进行教学指导，另一方面也便于学生掌握运用（如图 7-8 所示）。

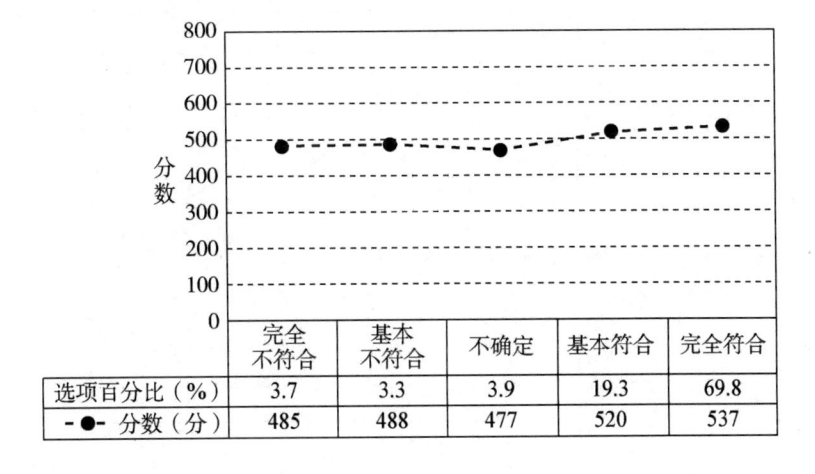

	完全 不符合	基本 不符合	不确定	基本符合	完全符合
选项百分比（%）	3.7	3.3	3.9	19.3	69.8
-●- 分数（分）	485	488	477	520	537

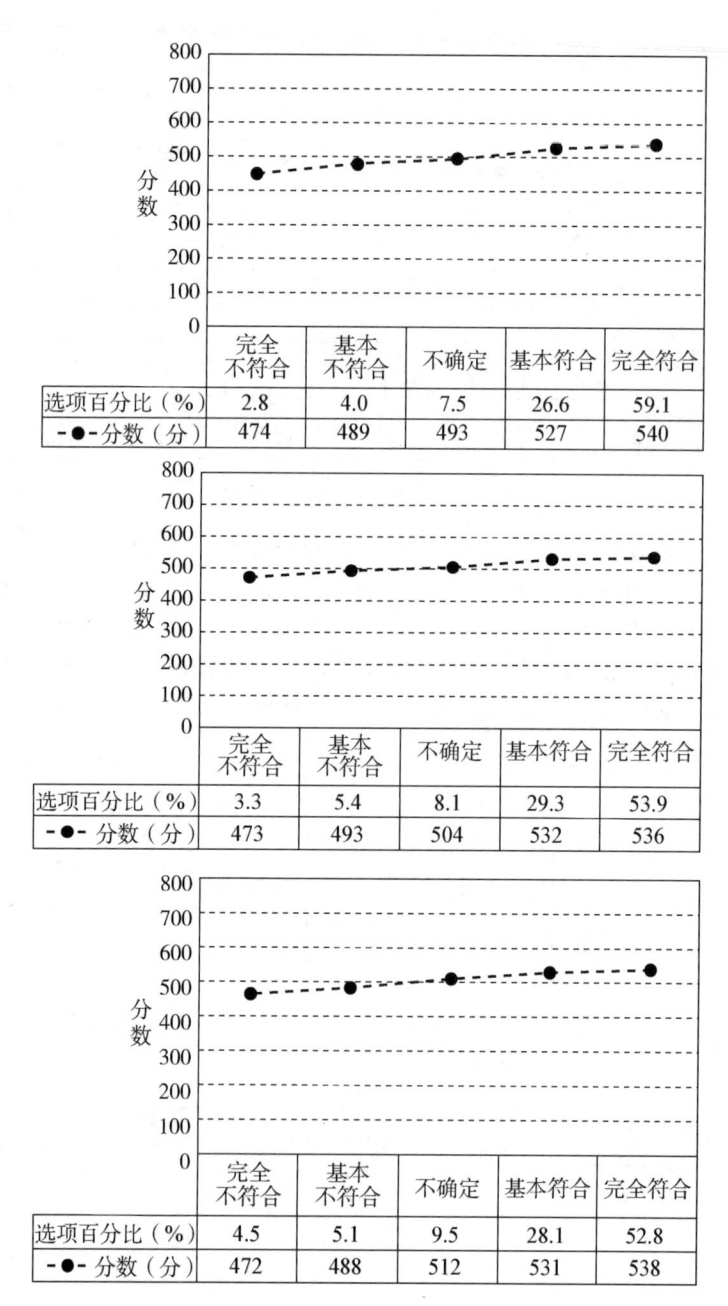

选项百分比（%）	2.8	4.0	7.5	26.6	59.1
完全不符合	基本不符合	不确定	基本符合	完全符合
-●- 分数（分）	474	489	493	527	540

选项百分比（%）	3.3	5.4	8.1	29.3	53.9
完全不符合	基本不符合	不确定	基本符合	完全符合
-●- 分数（分）	473	493	504	532	536

选项百分比（%）	4.5	5.1	9.5	28.1	52.8
完全不符合	基本不符合	不确定	基本符合	完全符合
-●- 分数（分）	472	488	512	531	538

图 7-8　学习方法与学业表现间的关系

将这五个基本认识整体合起来，就可以梳理出一条教学改进的基本脉络：学生的思维品质的发展确实存在不足，教师需要进行教学改进。背诵积累等方法对提高学生的思维品质的作用不大，教师可以把批判质疑能力的培养作为一个突破口。为了让思维品质的培养落在实处，教师可在实践中将其转化为一系列基于文本的学习、思考的方法。

第三节　基于评价的课堂教学改进

将评价应用于日常的课堂教学中，主要是通过评价更好地把握学生的发展状况，提高教学的针对性。第一，教师可以在课堂教学前进行前测，更准确地把握学情，确定教学的起点和重点；第二，可以在课堂教学中进行即时评价，监控学生的学习进程；第三，可以在课堂教学之后进行后测，了解学生的学习效果，确定后续教学的起点，调整后续教学的思路（如图 7-9 所示）。

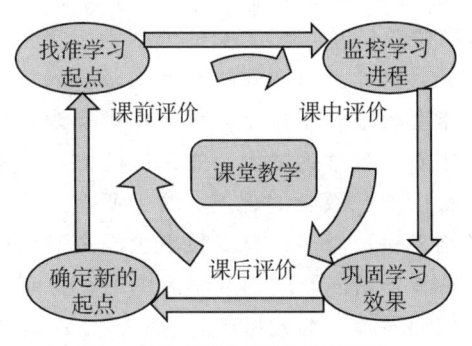

图 7-9　基于评价的课堂教学改进思路

在课前、课中以及课后评价中，课中评价往往是通过教师的课堂提问实现的，课前和课后评价则可以通过纸笔测验、设计表现性任务、评价学生已有作品等不同的方式来完成。以下主要以前测为例，讨论基于评价的课堂教学改进。

一、课堂前测的意义

首先，课堂前测是教学设计的学情基础。教师的教学活动取决于学生的已有经验。如果教师设计的教学环节难度很大，学生不能回答、不能操作，不能在新旧知识之间建立联系，这种设计就是无效的。只有符合学生的认知需求、重视新旧知识过渡的教学设计才是有效的。而要做到这两点，必须做好前测。教师应通过前测明确学生学习的问题，确定教学重点。

其次，课堂前测是提高教学效率的数据基础。语文学习是在母语环境中进行的，许多语文知识与能力，学生在母语环境的熏陶下已经具备，甚至很扎实。以词汇学习为例，心理学的研究表明：3～6岁是人一生中词汇量增长最快的时期，当儿童在6岁走进学校大门的时候，他们在生活中积累的词汇量为3000个左右。因此，当教师新授教学内容时，应区别哪些学习内容学生已经在母语环境中习得，哪些还没有习得，哪些需要巩固熟练，哪些还能够向更高的层次迈进。学生已经清楚的知识，不需要重复讲；学生较模糊、有争议的认识和未知的内容则需重点研究、讨论解决。教师明确了教学起点，这样上出高效的课就比较容易了。如在低段的语文教学中，一节课常常要教很多个生字，教师常常反映教学的任务太重。这个时候，就可以采用课前对学生进行预先评价的方法，了解学生对于本课生字的掌握情况，找准课堂教学的起点。对于所有学生都掌握了的生字，课上就可以少讲或者不讲；对于只有少数学生没有掌握的生字，就可以少花些时间和气力，或者采用同学间相互学习的方法；而对于大多数学生都没有掌握的生字，则要着重、细致讲解。这样，教师的教学就做到了有的放矢，教学的效率也就提高了。

二、基于课堂前测改进教学

基于课堂前测改进教学要经历拟定题目、分析结果、调整教学设计三个基本环节。前测题目的命制要以教学目标为依据，突出重点教学目标，不必面面俱到。同时，前测也不必一定以测验题的方式出现，可以灵活选用学生以往的作业、问卷、访谈等多种方式对学生在关键目标上的发展状况进行判断。在前测的基础上，还要对前测的结果进行分析，梳理学生在关键目标上的发展状况，把握住学生的学习起点和难点。最后，根据学生的发展需要调整教学设计环节，提高教学的针对性。

下面，以具体实例说明这一过程。

一位教师在执教统编版五年级下册第四单元《青山处处埋忠骨》时，根据教学重点"能抓住描写毛主席动作、语言、神态的语句，体会他的内心世界，再有感情地朗读课文"和教学难点"能结合资料，说出对'青山处处埋忠骨，何须马革裹尸还'的理解"，设计了两道前测题目：①文中给你留下印象最深刻的句子是什么？此刻的毛主席心里可能在想些什么？②你是怎么理解诗句"青山处处埋忠骨，何须马革裹尸还"的？前测结果如图7-10所示。

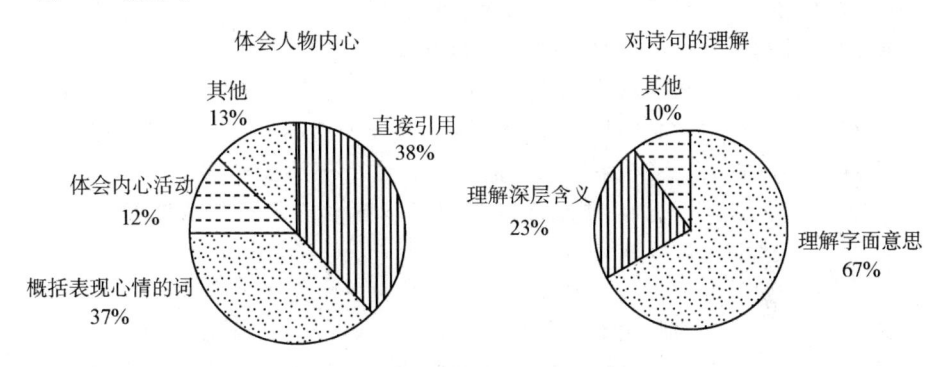

图7-10 《青山处处埋忠骨》的前测结果

前测结果显示，学生能使用批注这种阅读方法，把握文中描写人物动作、语言、神态的语句。38%的学生倾向于直接引用原文中对毛主席心理描写的语句回答；37%的学生能概括出表现毛主席伤心、怀念、内疚等心情的词语；只有12%的学生能够利用文本信息走进人物内心，体会毛主席的复杂内心，但缺乏以查找资料、结合背景的方式体会人物内心的意识。

从学生对诗句的理解情况看，67%的学生对诗句的理解只停留在字面意思，不能结合人物精神品质深入理解诗句的深层含义。

根据这样的学情，教师在教学中要引导学生抓住对人物动作、语言、神态描写的语句，联系上下文，走进人物的内心世界，特别是要发挥资料与文本对接、助推文本理解的作用，加深学生对人物内心的体会，感受先辈的崇高精神。

再如，一位教师在执教《宝葫芦的秘密》一课时，根据教学目标设计了前测题目"你觉得王葆是个怎样的人"，前测结果如图 7-11 所示。

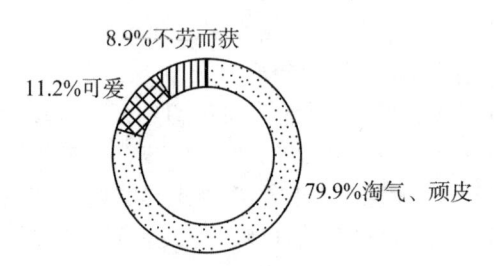

8.9%不劳而获
11.2%可爱
79.9%淘气、顽皮

图 7-11 《宝葫芦的秘密》的前测结果

前测结果显示，在大部分同学眼中，王葆是淘气和调皮的，只有少部分同学能发现他的可爱之处。在极少数同学眼中，王葆还是一个不劳而获的同学。针对这个学情，教师确定了如下教学对策：在教学中，引导学生品读语言，在王葆和奶奶的"规矩"中，认识他的淘气、顽皮及可爱之处；在王葆缠着奶奶讲故事的情节中，感悟他是一个充满好奇的孩子、特别爱听故事——在能从王葆对宝葫芦的向往中，体会王葆爱幻想的特点；推荐学生对《宝葫芦的秘密》进行整本书阅读，对比王葆对宝葫芦的态度变化，进一步体会人物真善美的形象。

这里需要关注的是，前测可以帮助教师更好地把握学生的学习需要和学习状况，但前测的方式不一定是测验题目，可以灵活选用多种方式；前测的题目不能过多，变成练习题会增加学生的学习负担，突出重点目标、重点能力的诊断即可。

一位教师在执教《卖木雕的少年》一课前，设计了如下前测题目。

一、看拼音写词语。

yí hàn　　　　chéng kěn　　　　cāi cè
(　　　)　　(　　　)　　(　　　)

biāo zhǔn　　　gòu sī　　　　bīn guǎn
(　　　)　　(　　　)　　(　　　)

fēi zhōu　　　　wǎn fàn　　　　yà zhōu
(　　　)　　(　　　)　　(　　　)

二、给加点字选择正确的读音。

模样(mó mú)　　即将(jí jì)　　沉甸甸(diān diàn)
流露(lòu lù)　　附近(fù fǔ)　　吹拂(fú fó)

三、把下列成语补充完整,再选择正确的成语填在句子中。(把字母写在括号里)

A.(　　)(　　)满目　　　　B.(　　)不(　　)传
C.(　　)(　　)如生　　　　D.(　　)不(　　)手

1. 爸爸总是反对我玩玩具汽车,但是,每次我玩起来就(　　)。
2. 站在瀑布下游的溪旁,向上一看,果然是(　　)的一个奇景。
3. 博物馆里陈列的玉器、文物,(　　),美不胜收。

四、根据课文内容排序。
(1)送木雕　(2)挑选木雕　(3)想买木雕　(4)放弃木雕

上面这个前测题目由于覆盖了所有的目标内容,整合起来就多了,前测变成了学生额外要完成的练习题。其实,针对学生掌握生字词情况的前测,完全可以通过个别访谈、学生自我检查等方式灵活地实现。

同样是针对《卖木雕的少年》这篇课文,另一位教师是这样开展前测,并基于前测调整教学设计的。

围绕课后的习题:卖木雕的少年为什么送给"我"一个小木雕?卖木雕的少年给你留下怎样的印象?我设计了补白想象、感悟主题的读写结合的语言训练。

看着我遗憾地离去,少年想,_____
于是,_____。

前测显示,由于对课文理解得不深入,所以学生写的内容很平淡,理解只停留在表面。如仅仅写下了"我要雕个小的木雕送给夫人,于是就雕了小的木雕给夫人送来了"这一答案。这些答案是仅停留在课文内容的基础上的,不能帮助学生深入理解课文,也不能让他们走不进少年的内心世界。少年为什么遗憾?为什么不要"我"的钱,单单说"中国人是我们的朋友"呢?如果只从课文的描述中寻找答案,结果是浅层次的。这是由于文章并没有交代中国是如何与非洲国家建立和发展友谊的。20世纪六七十年代,中国帮助非洲人民建了坦赞铁路,并为非洲的发展做出了巨大贡献。但这是发生在20世纪的事情,别说是四年级的孩子,就是他们的父母也未曾经历过。文章内容与学生之间既有空间距离,又有时间距离,离学生的生活实际较远,学生理解它所要表达的情感有很大的困难。于是我就在这节课上补充了图片、文字资料,通过资料的铺垫和气氛的烘托,给了学生一个梯子。学生了解这一背景后就会豁然开朗,有了理解的深度,有了感情的热度,有了想象的广度,也就有了可写的内容。

这个前测没有面面铺开，而是抓住了重点学习目标进行设计，重在帮学生解决学习困难，达到了增强教学针对性、提高教学效率的目的。

延伸探索与思考

①对学生上一学期期末测验的结果进行分析，梳理出本学期学生在语文学科学习中的重难点。

②从教材中选择一篇课文，根据教学目标设计一组前测题目。

第八章 小学语文作业设计

2021年4月，教育部办公厅下发了《关于加强义务教育学校作业管理的通知》，提出要提高作业设计质量。但在目前的小学语文作业设计与实践中，简单套用现成的练习题或者习惯性地布置常规读写作业的现象仍然比较多，很少有教师认真思考作业与学生学习、课堂教学的联系。这在一定程度上造成了学生做作业的兴趣不足、作业中机械训练内容较多、学生完成作业的效率较低等问题。将评价的基本思想融入作业设计过程，提高作业的目标意识、学生意识，有助于作业的有效设计与实施。

第一节 正确认识作业研究

从学校育人的角度看，作业对学生具有重要的发展功能，是学校教育教学的重要组成部分。学校教育的主要目标是培养学生的核心素养。要达成这个目标，仅靠教师的课堂教学是不够的，学生要进行持续、自主的课后学习，在实践中提高语言运用能力，提升语文素养。作业设计本质上就是教师对学生课后学习活动的规划，作业反馈就是教师对学生课后的自主学习效果进行的提升与指导。重视作业的研究，就是要从仅重视课堂教学，走向重视学生素养发展的完整过程。从课程改革整体推进的视角看，作业研究是在原有课堂教学研究基础上的一种深化和推进，与教育活动的其他各个方面都有着密切的联系。从课程改革追求的核心目标和素养培养的基本理念上看，作业研究和课堂教学研究是一脉相承的。

从学生学习的角度看，作业是学生在与教师共同学习之后开展的自主学习过程。语文学科的核心素养是在积极的语言实践活动中积累并建构起来，并在真实的语言运用情境中表现出来的语言能力及品质。换句话说，语文素养的发展，就是学生用语文做事情的过程。学生不仅要在课堂中运用语言做事情，在课堂之外也要尽可能地用语言完成多样的实践任务。作业正是教师为学生设计提供的、需要自主完成的语言实践任务。从学习展开的过程看,作业就是学生对课堂学习的一种延续活动。作业设计就是要设计学生的自主学习活动。教师要从设计教走向设计学,为学生设计从课上到课下的完整的学习历程。

从学习目标达成的角度看,作业与课堂学习共同指向学习目标的达成。在课堂学习活动中,学生通过师生合作学习、生生合作学习以及学生自主学习三种方式展开学习。在课后,学生个体或小组要自主面对要解决的语言实践任务,自主确定解决方案,开展语言运用实践。教师在这个过程中应退居幕后,不直接参与整个过程,直到学生作业完成后才通过评价、反馈的方式对学生的学习进行干预指导。针对学习目标,作业不仅有巩固所学的功能,还有延续所学、补充所学的功能。作业和教学是一种功能性的互补关系,对于学生的发展具有多重发展功能,在具体的实践中,作业要和教学整合考虑、整体设计。图 8-1 呈现的就是教师在执教《竹节人》一课时,从学习目标出发设计的课堂学习活动和课后作业。课堂学习活动和课后学习活动共同构成了学生达成学习目标的过程。

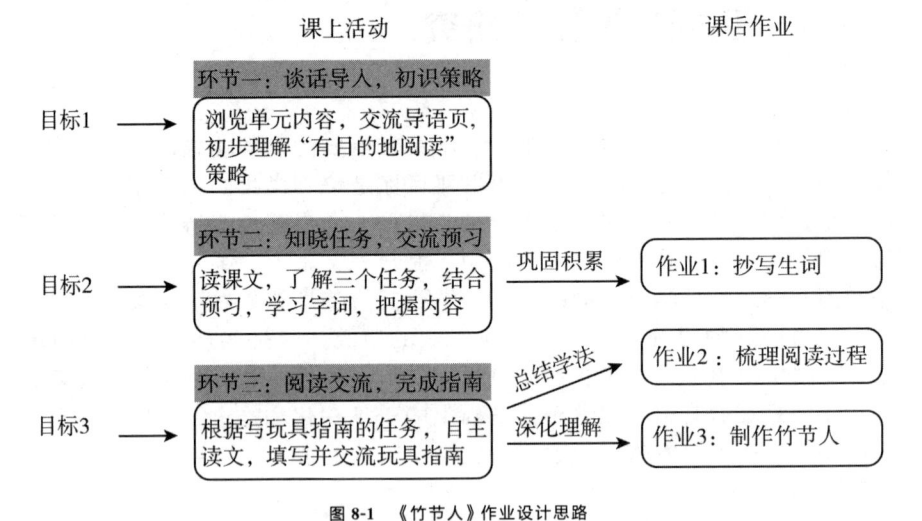

	课上活动		课后作业
目标1 →	环节一:谈话导入,初识策略 浏览单元内容,交流导语页,初步理解"有目的地阅读"策略		
目标2 →	环节二:知晓任务,交流预习 读课文,了解三个任务,结合预习,学习字词,把握内容	巩固积累	作业1:抄写生词
目标3 →	环节三:阅读交流,完成指南 根据写玩具指南的任务,自主读文,填写并交流玩具指南	总结学法 深化理解	作业2:梳理阅读过程 作业3:制作竹节人

图 8-1 《竹节人》作业设计思路

从作业研究的整体角度看,作业的设计是作业研究的重要部分,直接决定了作业的质量,但也不能仅仅看到作业的设计,在作业的形式上过分求新求异。作业的设计、布置、实施、反馈、评改共同影响学生的学习活动的展开效果。只有完整地审视,才能切实发挥作业的功能。从确定单元或者课时学习目标那一刻开始,作业就具有了它所承载的独特功能。作业的形式、数量、布置时机、实施过程都要指向学习目标。只有对每一个环节都进行全程关注，才能够确保作业研究的整体效果。

第二节 有效设计作业

教师要想有效设计作业，就要立足学习立场，对学生的单元或课时学习过程进行整体规划，即基于学习目标，发挥作业的不同功能；考虑学习兴趣，灵活选择作业形式；根据学习进程，安排作业布置时机；重视学习需要，以分层批改推动个性化发展。

一、基于学习目标，发挥作业的不同功能

作业是教师依据一定目的布置给学生的学习任务。[①]这里的目的指的就是作业要达成的目标或功能。将作业作为学生学习的组成部分，就要求作业要与学习目标一致，能为学习目标的达成服务。为此，教师应围绕单元、课时学习目标展开作业设计，特别是要突出重点目标、关键能力在作业中的体现。如一位教师在执教二年级《坐井观天》一课时，学习目标有两条，分别是"分角色朗读课文，能读好问句和感叹句"和"理解课文内容，初步感受故事中包含的道理"。在设计作业时，教师就根据这两个学习目标设计了如下作业。

同学们，学校每个学期都要举办木偶剧表演活动。这个单元的三篇课文都很适合表演木偶剧。请你们结合今天学习的《坐井观天》一课，任选一项作业，为期末的木偶剧表演做准备！

①争当"小主角"。评选朗读最有感情、表演最生动的木偶剧"小主角"。

②我当"小编剧"。根据故事情节，续编故事结尾。

这两项作业都具有明确的发展功能。学生不论选择哪一个完成，都有助于他们在学习目标上的持续发展。

一般来说，小学语文学科的学习目标可以分为：知识类、习惯类、情感类、态度类、方法类和能力类。根据达成学习目标的需要，小学语文学

---

① 王月芬：《重构作业——课程视域下的单元作业》，10页，北京，教育科学出版社，2021。

科作业的主要功能可以分为三种。第一种功能是巩固积累,主要针对教学目标中的知识目标。这些目标往往与当天的教学内容紧密相关,有必要通过作业进行适当的巩固和强化。如巩固抄写字词,积累记诵优秀句子、诗文等。第二种功能是实践运用,主要针对教学目标中的方法、能力目标。这些目标往往与当天的教学内容相关,但难以通过一次学习完全掌握,需要通过作业引导学生在多种实践活动中迁移运用、逐步内化。如仿写语段、阅读练习等。第三种功能是养成习惯,主要针对教学目标中的习惯、态度目标。这些目标可能与当天的教学目标联系得并不十分紧密,但对学生语文素养的养成具有重要的价值,需要每日持续培养,如坚持观察、坚持阅读的习惯等。教师在设计作业时,要根据作业的功能类型进行有的放矢的设计,确保作业能够达到深化学习的目的。[1]

值得一提的是,三种功能的作业无优劣之分,它们在学生学习过程中都发挥着不可替代的作用,不可偏废。教师在进行课时作业设计时,要通过调整作业的整体结构,突出重点学习目标,满足不同学习目标的作业需要,控制作业总量。

二、考虑学习兴趣,灵活选择作业形式

作业,是学生自主开展的学习活动。作业的形式,不仅会影响学生完成作业的主动性,还在一定程度上决定了学生学习语文的方式。为此,教师在设计语文作业的时候,要突出作业的综合性和开放性,严格控制机械抄背类作业的数量;重视作业的情境性和实践性,减少简单模仿类作业;增加作业的选择性和多样性,避免"一刀切"。

(一)突出作业的综合性和开放性

语文学习的目的是培养学生的语文素养,也就是用语言解决实际问题的能力。但语文学习涉及的内容比较分散,如每节课都会涉及的字词问题、众多的语言知识或语言现象等,容易造成作业中存在简单重复和机械训练的内容的问题,给学生的学习增加无谓的负担。因此,语文学科的作业设计要立足语文素养的整体性,突出作业的综合性,通过一项作业,尽可能调用学生多方面的语言运用能力,引导学生综合运用语言解决问题,增加作业的助学价值。如一位教师在教完《十六年前的回忆》一课后设计了"为革命英雄画像"的作业,学生可以采用图画和文

---

[1] 刘辉:《作业研究变革:学习导向的作业分析》,载《中小学管理》,2018(7)。

字描述的方式为自己心中的革命英雄画一张像。这项作业整合了学生的理解、阅读能力，同时有助于迁移运用课内描写人物的方法，具有较强的综合性。

此外，课文只是学生学习语言的例子。这就要求语文教师设计的作业不能过分强调对课文内容本身的识记，要立足在目标能力上，通过开放性的作业设计，让学生经历与体验多样的学习方式，形成主动探索的学习习惯，同时引导学生自主建构知识，发展能力。如一位教师在教完二年级下册的《"贝"的故事》后，设计了一个"找偏旁"的作业，要求学生任选一则课外读物中的故事，从中找一找学过的偏旁，并猜一猜那个字的意思。这项作业没有局限在课内所学偏旁的简单识记上，而是将偏旁的学习与学生的课外阅读融合，创设了一个开放的学习空间，引导学生在自主探究的过程中建构属于自己的汉字知识结构。

（二）重视作业的情境性和实践性

语文素养是在学生主动的语言实践活动中养成的。语文学科的作业要尤其关注情境性和实践性，通过创设真实的语言运用情境，指向语言运用的实践性任务，加强学习内容与学生经验、现实生活、社会实践之间的联系，激发学生的学习兴趣，引导学生在真实的语言情境中提高语言运用的能力。如六年级下册第五单元的语文要素是"体会文章是怎样用具体事例说明观点的"，教师据此安排学生关注身边现象，开展"辩论会"。学生纷纷变身"小辩手"，在真实的学习情境中走进课文，完成确定辩题、收集资料、制作辩论手卡等作业，最后召开辩论会。这样的作业设计，将作业与课文学习、作业与学生真实的生活联系起来，更有效地调动了学生学习的主动性，提高了学生学习的目的性，同时能更有效地引导学生的学习方式向自主、合作、探究的转变，提升学生综合运用语言解决实际问题的能力。

教师在作业中创设的情境，往往不是为设计作业而单独创设的，而是对学生课堂学习活动的延伸或深化。如果说课堂学习是学生在教师指导下的学习过程，作业就是学生在离开教师后自主进行的学习活动。在同一个学习单元内，这两种活动应该是高度一致的。要避免作业与课堂学习脱节的情况。如前面这位六年级的教师之所以能够将确定辩题、收集资料、制作辩论手卡等内容作为作业，是因为整个单元的学习情境是召开辩论会。他们的课堂学习是在教师指导下学习如何辩论，理解观点与事例之间的关系，作业则是离开老师后独立探究如何辩论。这二者对学生的目标要求是一致的。

（三）增加作业的选择性和多样性

作业的选择性，既满足了不同学习水平学生的学习需要，也满足了不同学习方式学生的学习需要。所以教师不仅要提供多个不同水平要求的作业内容，供学生按照自己的学习需要选择完成；更应该思考如何针对同一项作业内容，提供不同的完成方式或学习支架，供学生按照自己的学习兴趣、学习需要进行选择。如一位教师针对五年级上册习作单元设计了这样一项作业：比较《松鼠》《鲸》《白鹭》三篇课文的相同点和不同点，方式不限。同时，教师提供了三种不同的完成方式供学生选择（如图 8-2 所示）。当然，学生也可以自己设计比较的方式。教师通过在完成方式上设计不同选择，既给不同水平的学生提供了不同程度的支架，也给不同思维习惯的学生提供了多样的选择。

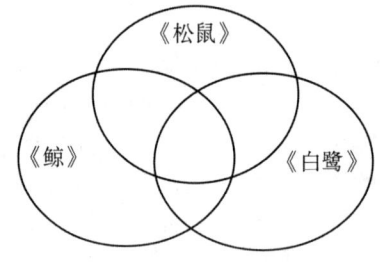

课文	相同点		不同点	
	内容	写法	内容	写法
《松鼠》				
《鲸》				
《白鹭》				

相同点：
1.
2.
……

不同点：
1.
2.
……

图 8-2 三种可选的学习支架

作业的多样性，指的是作业要改变一成不变的命题方式，在形式上、完成方式上、评价方式上都可以适当灵活一些，提高学生完成作业的趣味，让作业被更多的学生喜欢。在形式上，要控制书面作业的数量，增加听、说、读、实践类作业的比例；在完成方式上，要和其他学科加强整合，鼓励学生用画图、讲述、拼搭、数字等不同方式呈现自己对语言的理解；在评价的方式上，不要过度追求所谓"正确答案"。

此外，教师还可以通过游戏化的方式布置作业，调动学生完成作业的兴趣。如一位教师在学生二年级上学期期末阶段，就安排了"我是识字小明星"的识字闯关游戏。教师将一、二年级学过的所有生字做成词卡，学生在两周之内的时间里，可以随时到教室的识字角中翻看这些字词，准备参加闯关。学生可以在每天放学前找教师进行闯关，一次闯关不成功还可以反复闯关。这样活动化的作业设计，充分调动了学生完成作业的主动性，达到了事半功倍的效果。

三、根据学习进程,安排作业布置时机

作业的布置是课堂教学的有机组成部分。教师要根据课堂教学的推进,统筹考虑作业布置的时机。不仅可以安排在课堂教学的最后一个环节,还可以根据教学环节的推进需要,适时穿插在课堂教学的过程中。如当作业就是课堂学习的主任务时,可以在课堂教学伊始就出示作业安排,并随着课堂教学的推进完成作业的指导与预做。当作业主要指向某一个教学目标或与某一个教学环节相关时,可以在某一个教学环节结束后,马上布置持续思考或深度探究的作业。当作业是基于整节课学习的整体延续或主要指向后续学习的准备时,也可以在教学最后安排独立的作业布置环节。

下面以北京市海淀区实验小学北洼路小学的张丽娜老师执教的《坐井观天》一课为例,说明作业与课堂教学主任务一致时的作业布置思路(如表 8-1 所示)。

表 8-1 《坐井观天》一课的教学环节和作业

课堂教学环节	作业布置意图说明
环节一:明确学习任务,激发学习兴趣 (一)布置单元学习任务 　　同学们,咱们学校每个学期都要举办木偶剧表演活动。这个单元的三篇课文都很适合表演木偶剧,咱们就来试着演一演,为期末的木偶剧表演做准备吧! (二)明确本节课学习任务 　　这节课,我们就先来学习《坐井观天》一课,看看谁朗读得最有感情,表演得最生动,评选木偶剧的"小主角"。你们准备好了吗? 环节二:读演结合,关注表达 　　(一)读演第一次对话,通过表演抓动作,理解"一百多里" 　　(二)读演第二次对话,通过表演抓对比,理解观点不同 　　1. 对比一:"井口那么大"和"无边无际" 　　2. 对比二:"一百多里"和"无边无际" 　　3. 对比三:借助标点体会语气不同 　　(三)读演第三次对话,通过表演抓"笑",体会角色内心	教师基于学校特色活动木偶剧表演活动,结合本单元课文的文本特点,将作业与学生本单元的课堂学习任务整合为一个。这一作业暗含了本单元学习的两个目标:一是有感情地朗读,二是感悟课文包含的道理。 　　结合《坐井观天》一课,教师进一步具体化布置课堂学习任务,在课堂伊始就布置给每一位学生。这也将是学生在本节课后进行延续性学习的作业。 　　环节二是课堂教学的主要环节,也是教学目标达成的重要环节。教师和学生一起练习朗读、表演,学生理解了课文的内容,也初步感受到了课文包含的道理。当然,这个环节也是作业的指导环节。学生经过这个环节的学习,就完全可以胜任课后自主学习的任务了。

续表

课堂教学环节	作业布置意图说明
环节三：续编表演，体会寓意 （一）续编故事，体会寓意 　　当小编剧：听了小鸟的劝告，井底的小青蛙会跳出井口吗？ （二）练习、展示全文表演 环节四：延伸表演，布置作业 （一）争当小主角 　　经过刚刚的表演，大家觉得哪只小鸟演得好，哪只小青蛙演得好？他们是我们这节课评选出来的主角。下课后，大家还可以继续练习，如果你觉得自己读的、演的比他们好，在本单元最后一节"主角比拼"活动中，还可以向他们发起挑战。 （二）我当小"编剧" 　　当然，课文中这个故事并没有结尾。课下，同学们还可以继续当小编剧，根据故事情节，继续编故事。	续编故事这个环节落实了教学目标二，同时也为第二项作业做好了铺垫。 教学的最后，教师对学生的课堂学习进行了初步的总结，同时也为学生课后持续进行作业探究做好了情感准备。学生为了和本节课选出的主角比拼，自然会在课下更加主动地进行练习，作业的效果也会更好。 考虑到学生的兴趣和特点差异，教师安排了两项作业供学生选择。不论学生选择哪一项，都会在本节课的教学目标上有进一步的发展。

四、重视学习需要，以分层批改推动个性化发展

作业的质量，是学生学习结果的直接体现。对作业的有效批改，可以帮助教师发现学生学习的现状和问题，了解学生的学习需要，准确确定下一次课堂教学的起点。但现实中很多教师将批改作业理解为核对答案与作业订正，影响了作业功能的充分发挥。

根据作业的不同功能，教师可以有不同的批改方式。针对巩固积累类的作业，教师可以通过学生自改、生生互改、重点批改相结合的方式，充分发挥学生的主体性，同时发现学生学习中的重点难点问题，在教学中进行有针对性的二次指导。随着年级的升高，这类作业的批改还可以与个别指导相结合，对于个别学生的学习困难进行面批，提高作业批改的效率。针对实践运用类的作业，教师不仅要关注作业结果，还要关注学生的作业过程与他们采用的思维方法，及时发现学生学习中的问题，及时改进教学过程。针对习惯养成类的作业，教师应以常态批改的方式督促学生长期坚持，养成习惯；以创设交流分享平台的方式，引导学生感受学习的乐趣，产生持续坚持的动力。

总之，作业是学生学习过程的重要环节，与学生的课堂学习有着千丝

万缕的联系。教师只有从学生学习的完整过程出发研究作业的设计与实施，将目标意识贯穿在作业研究始终，才能真正发挥作业推动学生学习的作用。

延伸探索与思考

①语文学科的好作业应该符合哪些标准？

②选择教材中的一个单元，设计一份作业。

参考文献

［1］中华人民共和国教育部.义务教育语文课程标准（2022年版）［M］.北京：北京师范大学出版社，2022.

［2］顾明远.教育大辞典［M］.上海：上海教育出版社，1990.

［3］夏征农，陈至立.辞海［M］.6版.上海：上海辞书出版社，2009.

［4］陆谷孙.英汉大词典［M］.上海：上海译文出版社，1991.

［5］黄光杨.教育测量与评价［M］.上海：华东师范大学出版社，2002.

［6］皮连生.学与教的心理学［M］.上海：华东师范大学出版社，1997.

［7］施良方.学习论——学习心理学的理论与原理［M］.北京：人民教育出版社，1994.

［8］童致和，王朝林.中学语文教学法［M］.合肥：安徽教育出版社，1983.

［9］从立新，章燕.澳大利亚课程标准［M］.北京：人民教育出版社，2005.

［10］李英杰，等.义务教育阶段学业标准与评价：小学语文［M］.北京：北京师范大学出版社，2017.

［11］李英杰，等.基于学生发展核心素养的学业标准：小学语文［M］.北京：北京师范大学出版社，2020.

［12］王月芬.重构作业——课程视域下的单元作业［M］.北京：教育科学出版社，2021.

［13］诺曼·E.格伦隆德，C.基思·沃.学业成就评测［M］.杨涛，边玉芳，译.北京：教育科学出版社，2011.

［14］阿来萨.课堂评估：理论与实践［M］.徐士强，等译.4版.上海：华东师范大学出版社，2008.

［15］章熊.写作能力的衡量（上）——大规模考试作文评分研究系列

之四[J].中学语文教学，1994(9).

[16]章熊.写作能力的衡量(下)——大规模考试作文评分研究系列之五[J].中学语文教学，1994(10).

[17]张春莉,高民.布卢姆认知领域教育目标分类学在中国十年的回顾与反思[J].华东师范大学学报(教育科学版)，1996(1).

[18]杨明权.加涅与布卢姆教育目标分类理论之比较[J].汉中师范学院学报，1996(1).

[19]甘其勋.试论目标教学的中国化[J].中学语文教学参考，1997(7).

[20]柳斌.切实推进考试制度和考试方法的改革——在全国中小学教材审查会议上的讲话[J].课程·教材·教法，1998(7).

[21]黄希圣.中考语文改革的走势探索[J].中学语文教学参考，1998(12).

[22]吴维宁.教育评价新概念——SOLO分类法评介[J].学科教育，1998(5).

[23]沙玉英,燕柳,张玉峰.对布鲁姆教学目标论的反思[J].洛阳大学学报，1999(2).

[24]吴心田.简评1999年山东省中考语文试题的改革[J].中学语文教学参考，1999(10).

[25]山西省'95中考语文命题组.求活求新，注重考查能力——谈山西省'95中考语文试题[J].语文教学通讯，1999(12).

[26]鲍道宏.语文中考改革综览[J].中学语文教学，2000(12).

[27]李建新.布鲁姆的"目标教学"理论及在教学实践中的应用[J].楚雄师专学报，2000(4).

[28]尹辅能.布卢姆教育目标分类学在语文教育中应用的思考[J].楚雄师范学院学报，2002(2).

[29]王文静.情境认知与学习理论研究述评[J].全球教育展望，2002(1).

[30]贾玲.新理念　新中考　新成果——2002年中考语文改革述评(一)[J].中学语文教学参考，2003(Z1).

[31]贾玲.新理念　新中考　新成果——2002年中考语文改革述评(二)[J].中学语文教学参考，2003(3).

[32]贾玲.新理念　新中考　新成果——2002年中考语文改革述评(三)[J].中学语文教学参考，2003(4).

[33] 姚梅林.从认知到情境:学习范式的变革[J].教育研究,2003(2).

[34] 许明,王晞.国际阅读素养进步研究述评[J].外国教育研究,2003(12).

[35] 李德超.TAPs 翻译过程研究二十年:回顾与展望[J].中国翻译,2005(1).

[36] 李菲菲,刘电芝.口语报告法及其应用研究述评[J].上海教育科研,2005(1).

[37] 文慧,聂建中.TAPs 主观评分研究的回顾与前景[J].鞍山科技大学学报,2007(5).

[38] 杨向东.基础教育学业质量标准的研制[J].全球教育展望,2012(5).

[39] 李英杰.小学语文课堂提问与理答的现状及反思——基于对 20 节录像课的分析[J].基础教育课程,2016(3).

[40] 张华.论核心素养的内涵[J].全球教育展望,2016(4).

[41] 杨九诠.学科核心素养与高阶思维[J].教师教育论坛,2017(10).

[42] 俞向军,宋乃庆,王雁玲.PISA 2018 阅读素养测试内容变化与对我国语文阅读教学的借鉴[J].比较教育研究,2017(5).

[43] 刘辉.作业研究变革:学习导向的作业分析[J].中小学管理,2018(7).

[44] 郑新丽.面向学科核心素养的高中语文课程评价建议[J].语文建设,2018(2).

[45] 张丰.学习设计与作业设计:融汇"教""学"全过程[J].人民教育,2019(23).

[46] 王云峰.试析语文学科核心素养[J].语文建设,2018(4).

[47] 杨向东.指向学科核心素养的考试命题[J].全球教育展望,2018(10).

[48] Randy E. Bennett.教育测量的未来趋势[J].教育测量与评价,2019(3).

[49] 王晓诚.PISA 2018 阅读素养评估的特征解读[J].首都师范大学学报(社会科学版),2019(3).

[50] 叶丽新."情境"的理解维度与"情境化试题"的设计框架——以语文学科为例[J].课程·教材·教法,2019(5).

[51] 李倩.语文考试评价中的"情境":内涵、实践与启示[J].中学

语文教学，2020(6).

［52］董书婷，刘正伟.美国《2017 年 NAEP 写作评估框架》述评［J］.上海教育科研，2020(2).

［53］王宇珍，程良宏.PISA 2018 阅读素养测评的命题理念、试题特点及其启示［J］.教育理论与实践，2020(32).

［54］徐鹏.语文核心素养评价:实施路径与未来展望［J］.课程·教材·教法，2021(2).

［55］吴姣.三个选项与四个选项的多项选择题的差异性比较研究［D］.长沙:湖南大学，2014.